이탈리아
르네상스
탐방

피렌체와 로마에서 꽃피운 문명
이탈리아 르네상스 탐방

초판인쇄 2019년 7월 22일
초판발행 2019년 7월 22일

지은이 김종천, 김태균
펴낸이 채종준
기 획 이아연
편 집 이아연, 권순태
마케팅 문선영

펴낸곳 한국학술정보(주)
주 소 경기도 파주시 회동길 230(문발동)
전 화 031-908-3181(대표)
팩 스 031-908-3189
홈페이지 http://ebook.kstudy.com
E-mail 출판사업부 publish@kstudy.com
등 록 제일산-115호(2000. 6. 19)

ISBN 978-89-268-8889-6 03920

피렌체와 로마에서
꽃피운 문명

이탈리아
르네상스
탐방

김종천 ǀ 김태균 지음

이담
Books

머 리 말

여행이란 언제나 설레면서도 고달픈 여정이다. 어린 시절에는 소풍 간다고 들떠서 잠도 제대로 이루지 못했다가 저녁에 파김치가 되어서 귀가하지 않았던가. 아마도 해외 여행길은 어린 시절의 소풍과 같을 것이다. 단순한 여행이라면 눈요기, 입요기나 잘하면 될 테지만 문명 탐방이라는 거창한(?) 슬로건을 내걸고 비행기에 오른 그 길이 어찌 고달프지 않을까. 우리에게는 눈요기도 작업이었고 입요기는 작업을 위한 에너지 충전의 과정이었다. 우리는 어쩌다 한번 어렵게 나간 해외 여정을 이렇게 힘든 장정으로 해치웠다. 남들이 보면 어리석다고 할 만한 우리의 르네상스 탐방에는 깊은 사연이 있다. 그것이 단지 피렌체 대성당과 성 베드로 성당의 돔 위에 올라가 시가지를 내려다보며 탄성을 올리는 것만으로는 채워지지 않는 어떤 욕구 때문이라면 조금 추상적이고 현학적으로 들릴 수 있겠다. 하지만 단순한 이탈리아 여행이 아닌 르네상스 탐방이라고 부르는 이유가 거기에 있는 것도 사실이다. 사실 르네상스 탐방의 기원은 나 자신의 지난 삶과 직접 연관되어 있다.

나는 어린 시절부터 역사를 무척이나 좋아했지만, 역사를 단 한 번도 전공으로 해본 적은 없다. 역사는 언제나 나의 취미로만 머물러 있었다. 학교 공부가 지겹거나, 고통스러운 현실을 잊고 싶을 때면 역사책은 언제나 청량음료가 되어 주었다. 무엇이든지 취미로 해야 즐거움을 느끼는 법이 아니던가. 만약에 역사가 나의 전공이었다면 역사에 대한 나의 사랑은 일찌감치 사라졌을 것이다. 나는 지금도 틈만 나면 역사책을 꺼내놓고 눈앞의 현실에서 탈출하여 미지의 세계로 빠져드는 재미로 살아가고 있다. 바로 거기에 내가 경험해보지 못한 인간 세상의 모든 것이 있기 때문이다.

전쟁과 혁명, 그리고 왕조의 이야기를 좋아했던 이전의 내 취향은 나이를 먹으면서 조금씩 변해갔다. 그것은 20대 중반까지 한국에서 살았고 이후 10년이 넘는 세월을 서구 사회에서 생활하면서 문명의 이질성을 크게 느꼈기 때문이다. 이후로 나는 동 · 서양의 문명이 이질적인 이유에 관해 많은 생각을 하게 되었다. 그리고 동·서양 문명의 이질성은 서로 다른 역사 발전 과정에 기인한다는 결론에 도달했다. 그 뒤로 나의 역사 공부는 문명의 뿌리를 캐 보는 데 역점을 두게 되었다. 그래서 동양 문명의 기원을 알아보기 위해 중국 역사에 심취해 보기도 하였고 서양 문명의 뿌리를 고대 그리스와 로마의 역사에서 찾아보기도 하였다. 이후 서구의 중세사와 근대사를 읽어보고는 큰 충격을 받았다. 기존 내 생각이 편견에 불과하였다는 것을 깨달았기 때문이다.

근대로부터 서구 문명은 동양 문명보다 앞서 있었다. 많은 사람이 서구 문명은 역사상 어느 시대에나 늘 우월했다고 생각하는 경향이 있다. 하지만 그것은 잘못된 인식이다. 중세 서구 문명은 중국 문명보다 낙후하였다. 중세 서유럽에서 아름다운 공주와 멋진 기사가 그림 같은 성에서 연애하는 장면은 할리우드 영화가 만들어낸 동화일 뿐이다. 그것은 중세의 음유시인들에 의해 묘사된 궁정 연애와 기사도라는 중세적 이상주의가 혼합된 이미지에서 유래하였다.

실제의 중세 서유럽은 암흑의 사회였다. 중세라는 말도 고대 사회에서 비롯한 물질적·정신적 유산을 잃어버린 중간 시기라는 부정적인 의미에서 유래하였다. 고대 그리스 로마 시대의 지식과 기술 그리고 자유롭고 이성적인 정신은 소멸하였고 빈곤과 무지, 그리고 압제가 가득한 세상이었다. 교회의 지배는 중세의 어둠을 더욱 깊게 하였다. 교황을 정점으로 하는 기독교 교회는 자신들과 같은 특정 계층만이 라틴어 성경을 해독할 수 있다는 점을 이용해서 대중들에게 지옥으로 떨어진다는 협박을 상습적으로 하면서 무지한 대중들의 정신과 물질을 손아귀에 넣었다. 대중들은 굶는 것을 밥 먹듯이 하는데도 교황, 추기경, 대주교, 주교 등의 성직자는 물론이고 심지어 수도사들까지도 기름진 음식으로 배를 채웠다.

사람들이 이 세상을 눈물의 골짜기로 여기면서 천국에서 펼쳐질 영광스러운 내세만을 꿈꾸면서 살았던 것도 무리는 아니었다.[1]

중세 서유럽은 비잔틴 제국, 이슬람 문화권 국가 혹은 중국보다 낙후하고 빈곤한 사회였다. 그런데 어느 날 갑자기 낙후한 서유럽이 벌떡 일어나서 찬란한 문명을 만들고 다른 지역에 비해 월등한 지식과 경제적, 군사적 힘으로 세계를 지배하기 시작했다. 그래서 오늘날까지 서구 문명은 세계의 지배적 문명으로 군림하고 있지 않은가. 그 계기가 바로 르네상스

---

1 로퍼트 램, 서양 문화의 역사 II, 사군자

였다. 르네상스는 14~16세기에 이탈리아반도 특히, 피렌체와 로마에서 꽃피우고 세월이 흐르면서 점차 서유럽 전체로 퍼져나갔다. 서구 사회는 르네상스에서 고대 그리스 · 로마 시대의 인문주의와 과학 정신을 물려받아 찬란한 근대 문명을 창조하였다.

르네상스와 관련된 많은 서적들을 읽는다 해도 그것은 그저 남의 말을 듣는 것에 불과하다. 역사책을 통해 알게 된 옛날이야기는 머리에 지식의 형태로 저장되어 있을 뿐이다. 내 머리에 들어와 있는 르네상스 이야기는 르네상스 시대에 발생한 역사적 사건들, 건축물과 예술 작품 그리고 당대에 큰 자취를 남긴 인물들에 관한 이야기였다. 나는 그것들을 재료로 하여 그 시대를 숱하게 머릿속에서 그려 보았지만, 그 시대의 진정한 모습을 파악할 수가 없었다. 그것은 체험을 통해 느끼는 감흥이 있어야 가능한 일이었기 때문이다. 체험을 통해야만 글자 속에 숨어 있던 옛날이야기가 살아 숨쉬는 생생한 이야기로 재탄생하게 된다. 르네상스 탐방의 진정한 이유는 바로 거기에 있었다.

우리가 피렌체와 로마에서 마주했던 건축물과 예술 작품, 그리고 문인과 학자들의 자취는 수백 년의 세월을 뛰어넘어 살아 있는 감흥을 제공하였고, 우리는 그것을 르네상스 탐방기에 옮겨 담았다. 우리의 르네상스 탐방기는 단순한 역사 이야기도 아니며 그렇다고 여행기나 기행문도 아니다. 수백 년 전 르네상스 시대를 살아갔던 사람들의 이야기다. 그렇기에 세상의 이치와 인간의 속성이 묻어나는 것은 당연한 일이다. 우리의 르네상스 탐방은 중세의 어둠을 뚫고 출현한 근대 서구 문명의 여명을 한 그릇에 담기 위해 시작되었다. 거기에는 정치, 경제, 종교, 학문, 예술 그리고 식생활과 애정 행위에 이르기까지 문명을 구성하는 모든 것들이 담겨 있다. 물론 새 시대를 빛나게 한 거장들의 이야기도 빼놓지 않았다.

등산로 입구의 술자리에서 우연히 르네상스 이야기를 하던 중에 지적인 욕구가 강한 후배가 맞장구를 쳐주는 바람에 우리들의 르네상스 탐방이 기획되었다. 둘이 함께했기에 우리들의 르네상스 탐방은 덜 외롭고 덜 험난한 길이 되었다. 끝없는 질문과 대화로써 우리들의 지친 여정에 새로운 에너지를 제공한 것도 그였다. 그의 열정적인 지지가 아니었으면 우리들의 르네상스 탐방은 아마도 이루어지지 못했을 것이다. 우리가 이탈리아에서 함께 체험했던 모든 것들은 우리가 백발노인이 되어서도 잊지 못할 소중한 기억으로 남았다. 이제 남은 과제는 우리들의 르네상스 문명 체험을 많은 독자와 함께 나누는 일이다.

목 차

—

Expedition of the Italian Renaissance

PART 2 _____ 로마에서

피렌체 사람들은 여러 위대한 분야에서
이탈리아와 근대 유럽인들의 모범이었고
그 최초의 대표자였다.[2]

– 야콥 부르크하르트

---

2 야콥 부르크하르트, 이탈리아 르네상스의 문화, 한길사

르네상스의 고향

우리는 피렌체 탐방의 첫날 시내버스를 타고 **미켈란젤로 광장**(Piazza Michelangelo)으로 향했다. 아르노강을 건너 꼬불꼬불한 언덕길을 달려서 도착한 미켈란젤로 광장에서는 피렌체의 전경이 한눈에 들어왔다. 높은 지대에 있는 미켈란젤로 광장은 아르노강 건너편에 있는 구시가지 전체를 조망할 수 있는 명소로 여행객들의 사랑을 받고 있다.

도시의 풍경은 자연적인 아름다움이라기보다는 역사적인 정취를 풍겼다. 유구한 세월 동안 문명이 발생하고 사라지기를 반복하면서 그 속에서 살다가 갔던 수많은 사람의 사연이 배어 있는 모습이었다.

2000년 전부터 포도가 재배되었던 비옥한 토지와 아름다운 경치 그리고 화창한 날씨를 자랑하는 이탈리아 중북부 토스카나 지방의 중심지인 피렌체(Firenze)는 르네상스가 최초로 꽃을 피운 도시였다. 피렌체는 장구한 역사를 가진 도시로서 B. C. 8세기에 이미 그리스 문명의 영향을 받았다.[3] 그리고 로마에 편입된 후에는 B. C. 59년에 그 유명한 카이사르(시저)에 의해 피렌체의 번영이 시작되었다. 당시 집정관이었던 그는 이주자들에게 땅을 빌려주는 제도를 만들어서 사람들이 그곳에 정착하도록 힘썼다. 피렌체라는 지명은 '꽃의 도시'라는 의미의 '플로렌티아(Florentia)'라는 말에서 유래하였는데 그곳에서 봄에 신들에게 바치는 꽃 축제가 행해졌기 때문이다. 당시에 전형적인 로마식 도시로서 아르노강을 끼고 전체 모양이 네모형이고 곧게 뻗은 길이 중앙에서 교차하고 있다.[4] 피렌체는 서로마 제국 멸망(476) 이후 중세 시대에는 상공업의 중심지로서 르네상스 시대에는 직물업과 은행업으로 명성을 날렸다.

미켈란젤로 광장에서 보는 피렌체 전경

---

3   로퍼트 램, 서양 문화의 역사 II, 사군자
4   시어노 나나미, 르네상스를 만든 사람들, 한길사

16세기 피렌체 전경
출처: Wikipedia

　이렇게 피렌체의 역사는 고대에서 출발하여 중세를 거쳐서 르네상스 시대에 도달하였지만, 르네상스 시대의 피렌체 사람들은 중세를 건너뛴 고대에서 정신적 조상을 찾았다. 인문주의자 페트라르카(Francesco Petrarca, 1304~1374)는 고대의 가르침을 잃어버린 불행한 중간 시대를 중세라고 하면서 자신의 정신적 고향은 고대에 있음을 밝혔다.[5] 이러한 이유로 피렌체는 자연스럽게 르네상스의 고향으로 자리매김하게 되었다.

　그래서 그런지 도시 전체에 르네상스 시대를 살았던 사람들의 흔적이 각인되어 있다. 천년 중세의 암흑을 깨트리고 새 시대의 등불을 환히 밝힌 위대한 사람들의 이야기가 아직 살아 숨 쉬고 있는 듯하다. 피렌체에서 르네

5　시어도어 레브, 르네상스의 마지막 날들, 르네상스

상스가 정점을 막 지났던 16세기와 오늘날의 도시 전경은 시차가 무색하리만큼 그때의 모습을 유지하고 있다. 그래서 피렌체는 영원히 르네상스의 향수를 자아내는 곳이기도 하다.

> "피렌체가 현대 세계에 가진 매력에는 또 한 가지가 있다. 그것은 과거를 되살려 내는 활력이다."[6]

그곳은 정신의 고향을 찾아 나선 나그네를 포근하게 감싸주는 곳이기도 하다. 고향을 그리워하며 수많은 시를 쓴 시인은 향수병을 견디지 못해 어린 시절을 보낸 고향을 찾지만, 그곳에서 단 며칠도 머물지 못한다. 그러나 정신적으로 그리워했던 곳에 도착했을 때 그는 첫눈에 이곳이 영원한 고향임을 깨닫게 된다. 세계 각지에서 르네상스를 찾아온 여행자를 피렌체는 고향의 포근함으로 안아 준다. 누구나 이곳에 오면 시인이 되고, 조각가가 되고 화가가 된다. 르네상스의 기운이 사람들을 휘감아서 펜이나 붓을 들지 않으면 견딜 수 없는 감흥에 빠져든다.

---

6 G.F. 영, 메디치 가문 이야기, 현대지성

이 도시의 골목골목마다 르네상스가 배어 있어서 마치 우리가 15세기의 한복판에 서 있는 듯했다. 지금이라도 우리 앞에 레오나르도와 미켈란젤로가 스쳐 지나갈 것 같았다. 피렌체인은 자유를 사랑했고 개성이 강했다. 그래서 그들은 최초의 르네상스인(人)이 되었고 뛰어난 창의력을 발휘했다.

"르네상스란 대체 무엇인가요?"

"중세 세계를 지탱한 사고와 관습의 속박을 깨트리고 새로운 정신이 분출하여 학문과 예술의 세계에 새바람을 불어넣은 것이라고 할 수 있지. 그 새로운 정신은 인간과 세계에 대해 알고 싶고 표현하고 싶은 욕망이었어. 그런데 인간과 세계에 대한 지식은 본시 중세 기독교 사회 이전에 즉 고대 그리스와 로마에 존재하였던 것이었기에 이것을 부흥시키려는 움직임이 발생한 것이지. 하지만 르네상스가 고대 그리스 로마의 문명을 단순히 복원하거나 모방한 것은 아니고 더욱 발전시켰다고 볼 수 있지. 한마디로 말하면 인본주의와 과학 정신의 약진이었어."

"르네상스가 피렌체에서 최초로 꽃 피운 이유가 무엇이죠?"

"여러 가지 이유가 있지만 먼저 경제적인 면을 지적해야겠어. 피렌체는 14세기부터 경제적으로 번영하기 시작하였는데 주로 무역과 직물업 및 은행업이 발전하였지. 피렌체가 부유해질수록 학문과 예술에 대한 수요도 증가했고, 수요의 증가는 학자나 예술가에 대한 금전적 보상과 사회적 지위를 향상시켰고 그러다 보니 특히 예술가를 지망하는 사람들이 늘어났지. 그러다가 15세기에 들어서면서 학문과 예술을 후원하고 학자들과 예술가들의 작품을 구매해 준 재벌급 스폰서가 새로 출현하였어. 바로 메디치가야. 무역업에서 시작해서 은행업으로 거대한 부를 축적한 메디치가는 당대 유럽 최고의 부호 반열에 들었는데 그들은 거대한 부를 아낌없이 사용하여 예술과 학문을 후원하고 구매하였어. 이를 통해 메디치가는 자신들의 명성과 권력을 강화하였고 피렌체는 학문과 예술의 중심지가 되었지."

우리의 발걸음은 피렌체 민주주의의 아이콘인 **시뇨리아 광장**(Piazza della Signoria)으로 향했다. 사방으로 연결되는 도로와 골목이 만나는 지점에서 위치한 광장은 도시의 규모에 비해서 크고 주변의 건물들과 조각상들은 웅장하고 아름답다. 언뜻 보면 이곳을 정치의 중심지가 아니라 예술의 전당으로 착각할 수도 있을 듯하다. 정치와 예술이 공존하는 광장으로 이만한 곳이 또 있을까. 그만큼 피렌체인들의 삶에는 언제나 예술이 동반하고 있다는 것을 의미하리라.

고대 그리스 아테네의 직접 민주제 그리고 고대 로마의 공화정이 사라진 이후 아득한 세월이 흐른 뒤에야 민주주의는 베네치아 공화국, 피렌체 공화국 같은 이탈리아의 도시 국가에서 부활하였다. 피렌체 시민들은 자유를 열렬히 사랑하여 2백 년가량을 끈질기게 투쟁해서 신성 로마 제국 황제의 지배에서 벗어났을 뿐만 아니라 귀족을 물리치고 진정한 의미의 민주적인 공화국을 세웠다.

시뇨리아 광장의 전경

피렌체의 길드(동업조합)은 자치 도시 내 자신들의 입지를 구축하는 반면 귀족들은 공화국 내에서 그 입지가 좁아지게 되었다. 이후 피렌체는 21개 길드에서 선출되는 대표자가 의원이 되어 시뇨리아(시의회)라는 통치 집단을 구성하였다. 한편 시뇨리아에게 권력이 위임되었음에도 도시에 큰 문제가 발생했을 때는 바카(Vacca)라는 큰 종을 쳐서 남자 시민들 전체를 시뇨리아 광장에 소집하여 '대중의 갈채'로써 대처 방안을 결정하였다.[7]

시뇨리아 광장에서 보이는 가장 크고 인상적인 건물이 바로 **시뇨리아 궁전**(Palazzo dell Signoria)이다. 언뜻 보면 궁전이라기보다는 요새라는 인상을 주는 건물인데, 실제로 중세풍의 고딕 양식인 이 건물은 요새의 기능도 겸비하고 있었다.

시뇨리아 궁전은 르네상스 시대에 시뇨리아(시의회)가 있던 건물로서 지금은 **베키오 궁전**(Palazzo Vecchio)으로 불리며 피렌체 시청으로 사용되고 있다.

---

7 G.F. 영, 메디치 가문 이야기, 현대지성

시뇨리아 궁전의 외관

항상 여행객이 북적거리는 유명한 광장에 있는 바람에 일 년 내내 관람객이 끊이지 않아서 업무에 지장이 있을 듯했다.

"급작스럽고 격렬한 격동에 휘말린 이 도시 시뇨리아의 안전을 더욱 도모하기 위해."[8]

1298년에 시뇨리아 궁전의 건축 사업이 시작되었고 캄비오(Arnolfo di Cambio, 1245~1302)가 건축을 맡았지만, 그의 사후인 1314년에 완성되어 시뇨리아가 사용했다. 먼 훗날인 16세기에 피렌체 공화국이 무너지고 메디치가가 피렌체의 전제 왕가가 된 후에 이 궁전은 피렌체 공작 코시모 1세의 궁전으로 사용되다가 1553년에 코시모 1세가 피티 궁전으로 거처를 옮기면서 베키오 궁전으로 불리기 시작하였다. 궁전의 중정 가운데에는 레오나르도 다빈치의 스승인 베로키오의 조각 〈돌고래와 함께 있는 소년〉이 놓여 있다.

8　G.F. 영, 메디치 가문 이야기, 현대지성

궁전의 중정, 돌고래와 함께 있는 소년

1565년에 코시모 1세는 자신의 장남 프란체스코를 신성 로마 제국의 황제 막시밀리안의 누이인 요안나와 결혼시키면서 자신이 이전에 살았던 베키오 궁전을 아들 부부의 거처로 넘겨주었고 바사리(Giorgio Vasari, 1511~1574)에게 의뢰하여 아름답게 장식하도록 했다. 그때 카레지 별장에 있던 이 조각이 여기로 옮겨 왔다.

피렌체 르네상스는 14세기 초반에 싹이 텄지만 15세기 들어서 메디치가의 번영과 함께 화려하게 개화하였다. 상인에서 시작하여 은행가와 정치가로 변신하였고 두 명의 교황을 배출하였을 뿐만 아니라 몇 번의 추방을 당한 후에 16세기에는 끝내 피렌체의 전제 왕가가 되어서 유럽에서 가장 유력한 가문의 하나로 자리매김한 메디치가의 파란만장한 역사는 그 자체가 피렌체 르네상스의 역사가 되었다.

메디치가 이야기

무역으로 부를 축적하여 은행업으로 진출한 평민 집안 메디치가의 위대한 초석을 세운 사람은 '조반니 디 비치(Giovanni di Bicci, 1360~1428)'였다.

그는 사업가로서 능력이 뛰어났을 뿐만 아니라, 공익을 위해 재산을 내놓는 데 인색하지 않았고 항상 평민 편에 서서 귀족들과 투쟁해왔기 때문에 시민들에게 큰 인기를 얻었다. 그는 1402년 자신이 속한 은행 조합의 대표가 되어 시의회(시뇨리아)의 구성원이 되었으나 권력에는 욕심이 없어 당시로서는 흔했던 정치적 음모에 휘말리지 않았다. 1417년에 피렌체에 페스트가 발생하여 당시 약 5만 명이었던 피렌체의 인구 중에서 16,000명이 목숨을 잃었는데, 이때 조반니는 시민들을 돕기 위하여 혼신의 힘을 바쳤다. 1418년 그는 불행을 당한 사람들을 돕기 위해 막대한 돈을 내놓았고 1419년에는 사비를 들여 빈민구제소를 세웠다. 또한, 그는 건축과 예술 사업을 후원하여 피렌체의 예술 발전에서 큰 업적을 남겼다. 조반니는 두 아들을 두었는데 첫째가 훗날의 '국부 코시모'이고 둘째는 로렌초였다. 조반니는

1428년에 68세의 나이로 죽으면서 두 아들에게 막대한 재산을 남겼다.

조반니의 장자 코시모는 사업과 정치 그리고 학문과 예술 전 분야에서 자신의 아버지보다 뛰어난 사람으로서 사후에 시뇨리아로부터 '국부'라는 존호를 받아 '국부 코시모(Cosimo Pater Patriae, 1389~1464)'로 불린다.

그는 산타 마리아 수도원 학교에서 공부를 하였고 대학에서 수학하지는 않았지만 뛰어난 지식인이고 예술 애호가였다. 부르크하르트는 코시모가 교양에서는 당대 이탈리아에서 최고의 인물로 꼽혔다고 언급한 바 있다.[9]

국부 코시모, 우피치 미술관

---

9 야콥 부르크하르트, 이탈리아 르네상스의 문화, 한길사

또한, 그는 가문의 수장으로서 피렌체의 국정에서 자신의 아버지보다 더 큰 역량을 보여주었다. 가문의 사업인 은행업에서도 탁월한 수완을 발휘하여 유럽의 16개 주요 대도시에 메디치 은행의 지점을 설립하였고 그로부터 막대한 부를 쌓아가고 있었다. 당시 서유럽의 군주와 제후 중에서 메디치 은행의 돈을 쓰지 않는 사람은 거의 없었다고 한다. 그 시절에 메디치 은행은 유럽에서 가장 수익성이 높은 기업이었다.

그러나 1433년에 가문에 불행한 일이 발생하였다. 메디치가를 밀어내고 피렌체를 장악하려 했던 유력가문 알비치(Albizzi)가는 코시모가 독재적인 통치자가 되려고 음모를 꾸미고 있다고 모함하였다. 이로 인해 코시모는 체포되었고 간신히 목숨을 건졌지만, 그와 그 가문은 피렌체에서 추방되었다. 그러나 메디치가의 추방은 일 년밖에 지속되지 않았다. 코시모에게 제기된 혐의가 거짓으로 드러났을 뿐만 아니라 국정을 장악한 알비치가의 악행과 무능을 체험한 피렌체 시민들은 '후처의 악행을 겪은 뒤에야 선량한 전처를 그리워하게 된다'라는 말처럼 메디치가를 그리워했다. 결국, 메디치가에 대한 피렌체 시민들의 사랑과 존경으로 인하여 메디치가는 1434년에 피렌체로 돌아오게 되었다. 1434년 10월 6일 코시모는 군중의 열렬한 환호 속에 피렌체에 금의환향하였다. 이때 그의 나이 45세였다. 이후 그는 피렌체 공화국의 실질적인 지도자가 되었다. 그는 막후에서 자신의 부하들을 시켜 통치했고 특별한 공식적 칭호나 직위 없이 순전히 비합법적 수단으로 피렌체를 지배하였다. 이를 위장된 형태의 군주 정치라 할 수 있다.[10]

---

10 A. 하우저, 문학과 예술의 사회사 근세 편, 창작과비평사

코시모는 뛰어난 정치가로서 피렌체에 평화를 정착시켰고 도시와 농촌이 건전하게 공존하도록 하였다. 코시모의 시대에 피렌체는 평화와 안정 속에서 경제적 번영의 정점에 도달하였다. 코시모는 정치에서뿐만 아니라 학문 발전, 예술 장려 및 구호소 지원 등 다양한 활동을 하였다. 그가 학문과 예술을 위해 지급한 금액은 당시 피렌체 연간 국가수입의 6배 정도였다고 한다.[11] 또한, 그는 피렌체에서 시행된 모든 자선 사업에서 가장 큰 역할을 떠맡았다. 코시모는 1464년 75세의 나이로 죽었다. 그는 군주의 칭호도 없이 실질적인 군주로 통치하였고 동시에 한 시민으로 평생을 살았다.

'국부 코시모'의 손자 '위대한 로렌초(Lorenzo il Magnifico 1449~1492)'의 시절까지 메디치가는 번영하였다. 메디치가의 황금 시절에 '위대한 로렌초'가 쓴 한 편의 시 〈바쿠스의 노래〉는 이탈리아 문학사에서 오래 기억되는 작품이 되었다.

위대한 로렌초, 우피치 미술관

---

11 Die Medici - Paten der Renaissance (1/4) - Aufstieg einer Dynastie, Phoenix HD

"청춘은 얼마나 아름다운가, 하지만 순식간에 지나가 버린다.

즐기고 싶은 자는 어서 즐겨라. 확실한 내일은 없으니까."[12]

'위대한 로렌초'는 뛰어난 외교술로 평화를 유지하였고 피렌체에서 자신의 권력을 강화했으며 학문과 예술을 후원하였다. 그래서 훗날의 사가들은 그의 시대를 '피렌체의 황금시대'라고 기술했다. 그는 뛰어난 정치가이자 철학자였으며 또한 시인이었다. 단지, 가업인 은행 경영에서는 실패하여 메디치 은행은 큰 손실을 보았고 그의 사후에는 결국 문을 닫게 되었다.[13]

'국부 코시모'부터 그의 손자인 '위대한 로렌초'까지 메디치가의 통치하에서 피렌체는 평화와 안정을 누리며 번영하였다. 그러나 빛이 있으면 어둠이 있듯이 메디치가의 통치는 공화정의 본질을 훼손하지 않고는 이루어질 수 없는 형태였다. 단지 긍정적인 부분을 부각하여 평을 내리자면 그들의 통치는 국가 조직이나 무력을 사용하지 않았고 순전히 그들의 국정처리 능력에 대한 시민들의 높은 평가 그리고 그들의 자선 사업 및 예술 후원에 기인한 대중적인 인기에 기반을 두었다. 그래서 그 일가가 무능하다고 인정받거나 대중의 불신을 받게 되면 피렌체에서 무자비하게 추방되었다. 국부 코시모 이후 메디치가에서 두 번째로 추방된 인물은 '위대한 로렌초'의 장자 피에트로(Pietro de Medici, 1471~1503)로, 자신의 무능함과 어리석음으로 말미암아 1494년에 추방당하게 된다. 뛰어난 부모 밑에 태어났지만 어리석은 인간이었

---

12 시오노 나나미, 르네상스를 만든 사람들, 한길사

13 Die Medici - Paten der Renaissance (2/4) - Lorenzo der Kunstmäzen, Phoenix HD

던 '불행한 피에트로'의 경우를 보면 '영원히 번영하는 집안은 없다'라는 세상의 순리를 느낄 수 있다.

당시 분열된 도시 국가들의 집합체였던 이탈리아의 특성상 그들의 정치는 혼란스럽고 비도덕적이었다. 도시 국가들은 서로 상업상의 경쟁자였기에 극단적인 수단을 써서 상호 대립했다. 때로는 큰 도시 국가가 영토 확장을 위해 주변의 약소 도시 국가들을 무력으로 복속시키기도 했다. 그 시대에 이탈리아 도시 국가들의 대외 정치는 음모, 동맹, 무장, 매수, 배신 등으로 점철되어 있었다. 또한, 르네상스 시대의 이탈리아에서는 무지하고 잔악한 용병 대장들이 각지에서 통치자가 되는 일이 허다했었다. 도시 국가의 통치자들 대부분은 민중들의 자유를 박탈했고 무자비했으며 전제 군주처럼 행세하였다.[14] 이런 시대적 상황을 고려하면 피렌체에서 메디치가의 통치가 공화정의 본질을 훼손했다고 할지라도 상대적으로 높은 평가를 받을 수 있다. 메디치가의 통치는 이른바 '소프트파워'에 의존했다. 학문과 예술 그리고 자선 사업에 대한 적극적 후원뿐만 아니라 피렌체의 대중들을 인격적으로 대했고 겸손하게 행동했다. 메디치 궁전은 후원을 요청하는 사람들로 늘 북새통이었는데, 메디치가는 그들의 대부분에게 가능한 범위 안에서 도움을 주었다.

---

14 야콥 부르크하르트, 이탈리아 르네상스의 문화, 한길사

피렌체 공성전
출처 : 위키백과

그러나 1494년에 피렌체에서 추방당한 메디치가의 후예들은 권력을 되
찾겠다는 야욕으로 인해 무력으로 피렌체 공화국을 무너트려서 결국 '공공
의 적'이 되어 버렸다. 1512년에 조반니 데 메디치, 즉 훗날의 교황 레오 10
세는 당시 교황인 율리우스 2세에게서 군대를 빌려서 피렌체 공화국을 무
너트리고 피렌체를 손에 넣었다. 그러나 1527년에 피렌체의 시민들이 메디
치가를 세 번째로 추방하고 피렌체 공화국을 다시 세웠다. 그러자 1529년에
메디치가 출신의 교황 클레멘스 7세는 피렌체를 신성 로마 제국 황제의 보
호령으로 하겠다는 조건으로 군대를 빌려서 피렌체 공화국을 공격하였다.
클레멘스는 군대의 사기를 높이기 위하여 심지어 자신의 고향인 피렌체를
마음껏 약탈해도 좋다는 약속까지 하였다. 훗날 그의 사후에 피렌체 사람들
이 그의 시체를 씹고 싶다고 말한 사연이 여기에 있었다. 피렌체가 자유와 독
립을 사수하기 위해 벌인 장렬한 투쟁은 역사에 길이 남을 이야기가 되었다.

그들은 총공격을 감행하는 황제의 군대에 맞서 열 달 동안 도시를 사수하였다. 그러나 1530년 8월 피비린내 나는 교전 끝에 황제의 군대가 승리하였다. 이와 함께 수천 명의 피렌체 애국지사들이 투옥이나 사형을 당했고, 공화국은 폐지되었으며 클레멘스의 사생아 알렉산드로가 피렌체 공작이 되어 통치하게 되었다.[15] 권력에 미친 자들의 눈에 동족과 외적이 구별되지 않는다는 것은 동서고금의 진리이다. 그리고 그런 자들로 인해 이 세상이 피로 얼룩지고 찬란했던 민주주의는 빛을 잃고 사라진다.

알렉산드로의 짧은 통치가 끝나고는 메디치가 방계 출신의 비열하고 냉혹한 인간 코시모가 피렌체 공작 코시모 1세(1519~1572)가 되었고 훗날에는 피렌체를 수도로 하는 국가(신성 로마 제국 황제의 보호령), 토스카나의 대공이 되어 전제 정치를 하였다. 메디치 전제 왕가는 18세기 전반까지 토스카나를 통치하였다. 결국, 15세기에 피렌체 르네상스의 아이콘이었던 메디치가는 16세기부터는 잔혹한 전제 왕가로 변질되었다. 권력의 단맛이 그 일가를 그렇게 만들었다. 그래서 권력과 돈 앞에서 변하지 않을 인간이 없다고 하지 않는가. 메디치가의 흥망성쇠에 관한 이야기는 이제 본격적으로 시작될 르네상스 탐방을 위한 역사적 배경으로 중요한 의미를 지닌다. 피렌체 르네상스의 발전은 메디치가와 직접 연관되어 있기 때문이다.

---

15 G.F. 영, 메디치 가문 이야기, 현대지성

피렌체의 르네상스 탐방

피렌체 전 지역이 르네상스 박물관이라고 할 수 있지만, 그중에서 역사적으로 의미가 크거나 많은 사연이 담겨 있는 곳들을 둘러보았다. 그 대부분이 넓지 않은 구시가지에 있고 보행자 전용 구역이 많아서 걸어 다니면서 관람하기에 편리하고 유쾌했다. 거리에서는 어디서나 카페나 레스토랑을 쉽게 발견할 수 있어서 맥주 한 잔과 피자나 파스타 등으로 갈증과 허기를 쉽게 채울 수 있어서 편하고 즐거웠다.

피렌체의 르네상스 하면 제일 먼저 떠오르는 것이 메디치가이기에 우리들의 르네상스 탐방은 메디치가의 자취를 찾는 일에서 시작되었다. 두오모 광장에서 가까운 구시가지에 있는 메디치-리카르디 궁전은 피렌체에서 르네상스가 개화한 15세기에 메디치가가 살던 저택이었다. 구시가지로서는 제법 넓은 도로변에 접하고 있어서 쉽게 찾을 수 있는 건물이다. 건물의 입구가 열려있어서 도로변에서 한 발짝만 들어와서 고개를 내밀고 들여다보면 중정이 슬쩍 보인다. 첫눈에 보아 그리 크지 않고 화려하지도 않은 외관이기에 이 궁전의 명성이 의아스러웠다.

1_3_1 메디치-리카르디 궁전

이 궁전은 15세기 피렌체 르네상스의 최고 후원자였던 메디치가의 역사가 서려 있는 곳이다. 이곳은 메디치 일가의 저택이었으며 동시에 르네상스의 보고이기도 하였다. '국부 코시모'시대에 지어진 **메디치 궁전**은 유럽에서 최초로 지어진 르네상스 양식의 궁전으로서 탁월한 아름다움으로 유명하다. 이 궁전은 원래 메디치 궁전으로 불리었는데, 1659년에 리카르디(Riccardi)가(家)에 팔렸기 때문에 이후로는 메디치-리카르디 궁전(Palazzo Medici Ricardi)이 되었다. '국부 코시모'는 이 궁전을 과거의 어떤 궁전과도 비교되지 않는 건축 예술의 한 모델로 만들려고 하였다.

한편 '국부 코시모'는 궁전의 규모를 크지 않게 하고 특히 외부적으로 화려하지 않게 하여 피렌체 시민들에게 위화감을 주지 않고 다른 유력 가문들의 질투심을 야기하지 않으려는 세심함과 깊은 사려를 보여 주었다. 그러나 이 궁전의 진정한 아름다움은 내부에 있었다.

메디치–리카르디 궁전 외관

이 궁전을 설계한 사람은 당대의 대표적인 건축가 중의 한 명인 미켈로초 (Michelozzo di Bartolommeo, 1396~1472)였다. 피렌체에서 재단사의 자식으로 태어난 그는 '국부 코시모'의 개인 건축가가 되었다. 그는 재주가 많은 사람으로서 처음에는 조폐국에서 동전을 도안하다가 기베르티의 작업장에서 경험을 쌓은 후에 건축업을 시작했다. 그의 강점은 고딕 양식을 새로운 르네상스 양식과 혼합하는 데 있었다. 그의 많은 작품이 기존의 건물을 확장하거나 개축하는 것이었기에 과거의 건축 양식 또한 고려해야 했기 때문이다. 1430년에 건축을 시작한 메디치 궁전은 '국부 코시모'가 피렌체에서 추방되었던 동안에는 공사가 중단되었고 설계자이자 공사의 책임자인 미켈로초는 '국부 코시모'를 따라갔다. 그러나 '국부 코시모'가 피렌체로 돌아온 후 공사가 재개되어 1440년에 완공되었고, 이후 이 궁전에 '국부 코시모'와 그의 자손들이 거주하게 되었다.

메디치-리카르디 궁전의 중정

　메디치 궁전은 고전적인 아치와 중정(안뜰), 매력적인 회랑으로 르네상스 시대에 가장 유명한 건물 중의 하나가 되었다. 이 건물은 외부적으로는 투박해 보이는 3층 석조 건축물이다. 평면 중앙에 큰 중정을 두고 거의 대칭으로 구성되어서 르네상스 건축의 특징인 좌우대칭, 균형 및 조화라는 특징을 보여주고 있다. 이 궁전은 세 가지 건축 양식으로 지어졌다. 1층은 루스티카 양식, 2층은 도리아 양식, 3층은 코린트 양식으로 되어있다. 루스티카 양식은 훗날 크게 유행하게 되는데 거칠게 다듬은 큰 돌을 사용한 건축 양식으로, 이 궁전을 짓는 데 최초로 쓰였다. 건축가 미켈로초가 이 양식을 채택한 이유는 "이탈리아의 눈부신 햇살 아래 미(美)에 매우 본질적인 빛과 그림자로써 견고하고 강인한 인상을 연출하려 했기 때문"[16] 이었다고 한다.

16　G.F. 영, 메디치 가문 이야기, 현대지성

정면의 2층과 3층에는 반원형 아치의 창문들을 냈는데, 이는 고딕 양식인 베키오 궁전의 창을 한층 더 고전적으로 나타낸 것이다.[17]

중앙 문으로 들어가 아케이드를 지나면 중정이 나타나는데, 중정 내부에는 둥근 기둥이 반원형 아치를 받치고 있다. 르네상스 건축의 진정한 아름다움을 느낄 수 있는 공간이다.

지금은 아무도 살지 않는 메디치 궁전에는 다음과 같은 라틴어 비명을 볼 수 있다.

> "여행객이여,
> 이곳은 한때 메디치가가 살던 집이다. 여러 위인뿐 아니라 지식 자체도 이곳을 고향으로 알고 살았다. 모든 학문의 보모였던 집이다. 이곳에서 학문이 재생했다. 활짝 꽃핀 문화, 고대 문학과 예술의 보고로도 유명한 곳이다."[18]

---

17 주남철, 이태리 르네상스 건축사, 고려대학교 출판부
18 G.F. 영, 메디치 가문 이야기, 현대지성

메디치 궁전에 있는 예배당에는 화가 고촐리(Benozzo Gozzoli, 1420~1497)가 그린 프레스코 벽화 〈동방박사들의 행렬〉(1459~1460)이 있다.

이 그림은 1439년에 '국부 코시모'의 중재로 피렌체에서 서유럽 기독교 교단과 비잔틴 제국 정교회 사이의 화해를 목적으로 한 공의회가 열린 것을 묘사하고 있다. 메디치가의 주문으로 그려진 이 그림에는 메디치가의 사람들이 왕의 수행원들과 함께 묘사되어 있으며 3면으로 나뉘어 있다. 재미있는 것은, 그림을 그린 고촐리 자신이 그림에 나온다는 사실이다. 동쪽 벽 부분에 있는 그림에서 BENOTII이라는 글자가 새겨진 빨간 모자를 쓴 사람이 바로 고촐리이다. 자신을 행렬 중 한 명으로 그려 넣은 것이었다. 아마도 무척이나 작품의 모델이 되고 싶었던 모양이다. 서스펜스영화로 유명한 할리우드의 알프레드 히치콕(Alfred Hitchcock) 감독이 자신이 제작한 영화에 자신의 모습이 한 커트 나오게 한 심리와 유사하지 않을까.

르네상스 시대에 유행했던 프레스코 회화는 벽이나 천장에 모래와 섞어서 반죽이 된 석회를 바른 뒤에 완전히 마르기 이전에 물감으로 그림을 그리는 방식을 의미한다. 석회를 바른 후 약 12~24시간 사이에 작업이 완료되어야 해서 시간과 전쟁을 해야 하는 회화 중에서 가장 힘든 분야라고 한다. 축축한 상태의 석회 위에 발라진 물감은 석회가 마르면서 벽에 고착된다.

동방박사들의 행렬

이 그림에서 오른쪽에서 갈색 말을 타고 검은색의 수놓은 겉옷을 입고 있는 사람이 '국부 코시모'이고 그 오른쪽에서 겸허한 모습으로 말을 타고 있는 사람이 '국부 코시모'의 동생 '로렌초' 그리고 왼쪽 끝에서 모자를 벗고 있는 젊은이가 '국부 코시모'의 장자 '피에로'이다.

프레스코 벽화 〈동방박사들의 행렬〉은 다양한 색채와 화려하고 정밀한 묘사로 예술성이 뛰어나다. 그리고 이 그림이 잘 보존되어있는 방은 르네상스 시대 최고의 업적으로 꼽힌다. 이 매혹적인 방은 르네상스 시대의 가장 순수한 아름다움과 즐거움의 세계를 제공한다.[19]

---

19 폴 존슨, 르네상스, 을유문화사

〈동방박사의 행렬〉에 묘사된 피렌체 공의회를 관람하는 중에 후배가 지나가는 말투로 이야기했다.

"비잔틴 제국이 르네상스에 영향을 주었다는 이야기를 들었어요."

"1204년에 베네치아에서 출발한 제4차 십자군이 애초 목적지인 중동으로 가지 않고 비잔틴 제국의 수도인 콘스탄티노플을 함락시켰어. 돈에 미친 십자군에 의해 비잔틴 제국의 온갖 보물과 예술품 및 서적이 약탈당하여 이탈리아로 보내졌고, 그 바람에 이탈리아에서는 고전에 관한 관심이 크게 발생했어. 또한, 훗날 1453년에 비잔틴 제국이 오스만 튀르크에 정복되자 비잔틴의 학자와 예술가들이 고전 서적과 유물을 지참하고 이탈리아로 옮겨오게 되었는데, 그들 중의 대부분이 피렌체에서 가르치게 되었어."

비잔틴의 학자와 예술가들이 주로 피렌체로 오게 된 것은 피렌체 공의회 덕분에 피렌체가 학자와 예술가를 우대한다는 사실이 비잔틴 제국에서 널리 알려졌기 때문이다. 피렌체 공의회를 주최한 '국부 코시모'의 선견지명이 돋보인다.

피렌체를 생각하면 가장 먼저 떠오르는 건축물은 아마도 **대성당**(두오모)이지 않을까. 특이한 형태의 돔을 얹어놓고 시내 한복판에 우뚝 솟은 웅장한 자태는 바로 피렌체 르네상스의 상징이다. 게다가 수직과 수평으로 교대하는 흰색, 초록색, 붉은색의 대리석 배열로 되어있는 건물의 외벽은 화려한 미(美)를 과시하고 있다. 구시가지의 어떤 길에서 보아도 주변 건물들을 압도하는 두오모의 한쪽 면이 눈에 들어오기에 여행자의 발걸음이 그리로 끌리는 것은 너무도 자연스러운 일이었다. 그리고 마침내 두오모의 전경을 마주하자마자 '아'하는 탄성이 절로 나오면서 두오모의 명성을 진정으로 이해할 수 있었다. 또한, 좁고 꼬불꼬불한 계단을 마냥 올라가서 마침내 그 유명한 돔 위에서 피렌체 시내를 내려다보며 느낀 환희는 고진감래 그 자체였다.

1_3_2 두오모

피렌체의 시뇨리아가 대성당을 착공할 때 건축가 캄비오에게 전달한 지침은 이랬다.

> "시민 하나하나의 영혼으로 구성된 그 고결한 도시의 영혼에 합당하게 원대한 정신을 담아 설계하기를."[20]

두오모 광장과 두오모의 외관

---

20 G.F. 영, 메디치 가문 이야기, 현대지성

공식 명칭이 '산타 마리아 델 피오레 대성당(Cattedrale di Santa Maria del Fiore)'인 피렌체 대성당은 흔히 두오모(Duomo)로 불리는 피렌체의 대표적인 르네상스 건축물이다. 1296년에 캄비오가 착공했지만 1302년에 그가 죽은 후에는 공사가 지지부진해졌고, 게다가 1348년 페스트의 창궐로 공사가 사실상 중단되었다. 1368년에 공사가 재개되어 건물 대부분을 완성했지만, 돔을 올리지 못한 상태로 남아 있었다. 고대 로마 시대에는 판테온(신전)과 같은 대형 돔 건축물이 존재했지만, 중세를 거치면서 건축술이 퇴보하여 그 시대에는 대형 돔을 건축할 수 없었다. 1417년에 대성당 건립 특별 위원회는 돔의 설계를 공모하기로 하였고, 1420년에 '조반니 디 비치'는 위원회를 대표하여 브루넬레스키(Filippo Brunelleschi, 1377~1446)에게 돔 건축을 맡겼다. 브루넬레스키는 자신의 구상이 남들에게 알려지는 것을 꺼려 구체적인 세부 계획안을 제출하지 않아 물의를 일으켰다. 이 과정에서 브루넬레스키는 돔을 어떻게 올릴 것인지 설명해 달라는 요구를 받고는 도면 위에 계란을 내려찍으면서 자신이 설계한 대로 공사하면 이렇게 세워질 것이라고 하였다. 그는 결국 건축을 맡게 되었고 '조반니 디 비치'의 장자인 '국부 코시모'의 적극적인 후원을 받게 되었다. 이로 인해 메디치가의 경쟁 가문들은 메디치가의 대중적 인기와 영향력이 추락하기를 바라는 마음에서 대성당의 돔이 무너지기를 오매불망 기원했다고 한다. 실제로 당시 피렌체에서는 대성당의 돔이 무너질지 모른다는 공포가 널리 퍼졌다.[21]

---

21 Die Medici - Paten der Renaissance (1/4) - Aufstieg einer Dynastie, Phoenix

어쨌든 르네상스 시대 최고의 건축가 브루넬레스키는 이렇게 역사의 전면에 화려하게 등장하였다. 피렌체에서 공증인의 자식으로 태어나 정규교육을 받은 그는 예술가이면서 동시에 과학자였다. 그는 볼품없는 외모(신장 153cm, 대머리)에 교만하고 독선적이며 평생을 독신으로 살았다.

브루넬레스키 상

두오모의 돔

본시 조각가였던 그가 건축가로 변신한 데에는 깊은 사연이 있다. 사연인
즉 주기적으로 페스트에 시달렸던 피렌체는 1401년에 재난을 피하고자 신
께 드릴 예물을 제작하기로 하였다. 피렌체에서 가장 신성시되던 성 조반니
바티스타 성당(흔히 세례당이라고 불림)에 아주 정교한 두 짝의 청동 문을 제
작하여 봉헌하기로 한 것이다. 사업자 선정은 공개 입찰 방식이고 계약 결
정권자는 '조반니 디 비치'였다. 이 사업에 브루넬레스키는 평생의 라이벌
기베르티(Lorenzo Ghiberti, 1378~1455)와 최종 심사에서 경합을 벌였지만 결국
기베르티가 제작자로 선정되었다.

교만한 성품의 브루넬레스키는 자존심에 상처를 받았고 결국 고대의 건
축을 배우기 위하여 로마로 떠났다. 그는 10년 이상 로마에 머물며 고대의
건축물을 연구하였다. 특히 판테온(신전)의 돔을 깊이 관찰하며 돔의 구조
에 관해 해박한 지식을 갖춘 그에게 기회가 다가왔다.

그것은 미완성 상태에 있던 피렌체 대성당의 돔 건축을 맡은 것이다. 그
는 1420년에 착공하여 16년만인 1436년에 완공하였다. 브루넬레스키가

만든 돔은 내부지름이 42m로서 로마에 있는 판테온(내부지름 : 43.3m) 다음으로 폭이 넓은 돔이 되었다. 완공 당시 114.5m인 돔의 높이(바닥에서 정탑 끝까지)는 세계에서 가장 높았지만, 훗날 지어진 로마의 성 베드로 성당(136.57m)에 1위 자리를 내주었다.

브루넬레스키가 로마에서 연구했던 판테온(신전)의 돔은 목재로 만들어진 거푸집에다 석회와 화산재에 자갈을 섞어 물로 반죽한 것을 넣어서 떠낸 오늘날의 콘크리트 건물 같은 것이었다. 그러나 이런 방식으로 대형 돔을 만들면 한복판을 덮을 수가 없어서 지붕 꼭대기가 열린 상태가 되어 하늘이 보일 뿐만 아니라 빗물이 떨어지기도 하였다. 또한, 거푸집을 만들 때 필요한 목재의 조달도 쉬운 일은 아니었다. 이런 문제를 해결한 것은 브루넬레스키의 천재성이었다. 그가 만든 피렌체 대성당의 8각형 돔은 가파르게 올라가는 달걀 모양(뾰족 돔)의 형태를 취해 옆으로 벌어지는 힘을 줄였다. 석재로 만들어진 8개의 우산 살대 같은 모양의 구조물이 돔의 최상부에 연결되어 서까래 역할을 하였고, 그 사이에는 오늬무늬 형태로 쌓은 벽돌이 채워졌다.

벽은 2중으로 만들어졌는데, 안쪽 벽은 외벽을 단단하게 지탱해 주는 역할을 하고 있으며 그 가운데에 있는 계단을 통해 사람들이 돔 위로 올라가서 도시의 경관을 즐길 수가 있게 되었다. 이런 방식의 돔 건축은 이전에는 없었던 새로운 것으로서 고대의 건축을 능가하는 혁신적인 기술이었다.[22]

---

22 Florenz und der Geist der Renaissance Doku Deutsch über die Renaissance Teil 2, BR

돔으로 올라가는 통로와 돔 위에서의 풍경

정탑

　1436년에 돔이 완성되었을 때 상부에는 직경 15m의 둥근 구멍이 나 있었다. 이 구멍은 채광을 위해 필요한 것으로서 그 위에 정탑(돔 위에서 빛을 받아들이는 작은 첨탑)을 얹기로 하였고 공모를 통해 브루넬레스키의 설계가 채택되었다.[23] 정탑은 1445년에 브루넬레스키가 착공하였지만 이듬해에 그가 사망하게 되었고 그의 친구인 미켈로초가 공사를 맡아서 1471년에 베로키오가 제작한 금박을 입힌 구리 공을 얹는 것으로 비로소 완성되었다. 금박을 입힌 구리 공은 무게가 대략 2톤에 이르는데 돔을 안정되게 지탱하는 역할을 한다. 브루넬레스키가 건설한 피렌체 대성당의 돔은 르네상스 시대 돔 건축의 효시이자 이후 건설된 여러 돔의 기본 모델이 되었다.

23　주남철, 이태리 르네상스 건축사, 고려대학교 출판부

브루넬레스키는 설계도를 작성할 때 자신의 구상을 머리에서 끄집어내서 종이에다가 3차원의 입체적인 오늘날의 투시도와 같은 그림으로 표현하였다. 이때 가까운 대상은 크게 그리고 멀리 있는 대상은 작게 그리는 이른바 원근법이 사용되었다. 물론 그가 최초로 원근법을 사용한 것은 아니었다. 고대 로마 시대의 유적에서 원근법을 사용한 벽화가 발견되었기 때문이다. 그러나 중세의 회화에서는 원근법이 사용되지 않았는데, 이는 성스러운 장면 묘사에 치중한 중세의 회화에서는 인물들의 크기가 그들의 영적인 상대적 중요성에 따라 상징적으로 표현되었기 때문이다.[24] 어쨌든 브루넬레스키가 사용한 원근법과 투시도는 서구의 건축뿐만 아니라 예술 분야 전체를 크게 변화시켜서, 원근법에 따른 입체적 표현은 르네상스 회화의 주된 특징이 되었다.

브루넬레스키는 발명가적 재능도 발휘하여 오늘날의 타워 크레인과 유사한 기구를 제작하여 건축 자재와 인부들의 식사를 높은 곳에 있는 돔 공사장으로 운반하여 작업의 효율성을 높였다. 이로 인해 그는 르네상스 시대에 건축 공사장을 획기적으로 바꾸어 놓은 사람이라는 칭송을 듣고 있다.[25]

---

24   시어도어 래브, 르네상스의 마지막 날들, 르네상스

25   Die Renaissance (1/2)| HD | Arte | Doku

브루넬레스키의 기중기

두오모의 천장화

훗날 토스카나 대공이 되는 코시모 1세의 의뢰로 돔의 내부에 그려진 프레스코 천장화에는 최후의 심판이 묘사되어 있다. 3600 제곱미터의 넓이에 채색한 이 방대한 작업은 1568년 조르조 바사리와 피데리코 추카리에 의해 시작되어 1579년에 완료되었다.

위쪽 부분은 요한묵시록 4장에 등장하는 스물네 명의 장로를 묘사한 것으로 바사리가 완성했다. 1574년 바사리가 죽은 후에 페데리코 추카리와 도메니코 크레스티가 다른 부분들을 완성했다. 이 작품은 미켈란젤로의 작품인 바티칸 시스티나 예배당의 〈최후의 심판〉에서 영감을 받아 제작된 것이라고 한다.

1436년 3월 25일 교황 에우게니우스 4세는 7명의 추기경, 37명의 주교, 피렌체의 시의원과 외교 사절을 거느리고 대성당의 봉헌식을 거행하였다. 화려한 양탄자가 깔리고 비단과 형형색색의 꽃들로 장식된 통로를 따라 이동하던 행렬이 대성당 안으로 들어섰다. 그리고 성가대의 합창 소리가 울려 퍼지는 가운데 당시 기독교 세계에서 가장 큰 성당의 완공을 축하하는 기념 예배가 다섯 시간 동안 거행되었다.[26]

르네상스 건축물들을 둘러보면서 시내를 돌아다니는 사이에 갑자기 후배가 고개를 갸우뚱하며 물었다. "르네상스가 건축에서 시작된 것인가요?" 그러고 보니 지금까지 우리의 르네상스 탐방은 건축물 탐방이었다. "사실 르네상스는 문학에서 출발했다고 할 수 있어. 르네상스 정신의 핵심은 인문주의이고 그것은 문학에서 시작되었지."

르네상스를 탄생시킨 대표적인 문인들, 즉 단테(Dante Alighieri, 1265~1321), 페트라르카(Francesco Petrarca, 1304~1374), 보카치오(Giovanni Boccaccio, 1313~1375)는 모두 피렌체 사람이었다. 이 중에서 **단테**는 시대적으로 가장 앞선 세대의 인물이었을 뿐 아니라 영향력도 가장 컸던 사람으로서 '최초의 르네상스인'이라는 영예를 얻은 사람이다. 또한, **페트라르카는** '르네상스 인문주의의 선구자'라고 불리고 있다. 그는 법학 공부를 때려치우고 성직자가 되어 생계 걱정에서 해방된 채 자신이 좋아하는 문학에 심취해서 살았는데,

---

26 로버트 램, 서양 문화의 역사 II, 사군자

특히 고전 문학에서 인간의 진정한 덕성을 발견하였다. 그는 고대 세계가 그 이후의 몇 세기보다도 인간 행위에 대해 훨씬 더 훌륭한 모범을 제시했다고 확신하였다.[27] 〈데카메론〉을 쓴 **보카치오**는 평생의 친구였던 페트라르카와 함께 르네상스 인문주의의 토대를 만들었다. 보카치오는 단테의 후계자로서 새롭게 성숙해진 이탈리아어를 자유자재로 사용한 뛰어난 이야기꾼이었다.[28]

이들 중에서 가장 먼저 떠오르는 사람은 역시 **단테**였다. '쇠뿔도 단김에 뺀다'라는 말처럼 우리는 **단테상**을 보기 위해 걸음을 재촉했다. 단테상이 있는 곳은 피렌체의 명물인 **산타 크로체 성당**(Basilica di Santa Croce)의 정면 왼쪽이다. 대로변에서 바로 산타 크로체 광장을 만났고 넓은 광장의 정면 끝부분에 성당이 있다. 광장의 입구 부분에서는 작아 보였던 단테상은 그 앞으로 다가가서 보니 제법 큰 대리석상이었다.

---

27 시어도어 래브. 르네상스의 마지막 날들. 르네상스
28 폴 존슨. 르네상스. 을유문화사

산타 크로체 성당과 단테상

I_3_3 산타 크로체 성당과 단테상

고딕 양식이지만 규모가 크지 않은 산타 크로체 성당은 캄비오가 설계한 건축물로서 하얀 대리석 바탕에 푸른색 띠 장식으로 되어있는 파사드로 유명하다. 이 성당에는 피렌체 출신으로 르네상스를 빛낸 학자와 예술가, 예를 들면 갈릴레이, 미켈란젤로, 기베르티, 바사리 등의 무덤이 있다. 넓은 광장을 앞에 둔 성당의 아름다운 자태는 지나가는 여행자의 발걸음을 끌어당기는 묘한 매력을 풍기고 있다. 눈처럼 하얀 대리석으로 만들어진 단테상은 이 성당의 파사드와 잘 어울리는 한 쌍의 커플처럼 느껴졌다.

단테상 앞에서 기념 촬영을 하는 많은 사람을 보면서 저들 중에서 단테의 문화사적 의미를 제대로 알고 있는 사람들은 얼마나 될까 하는 의구심이 잠깐 들었다. 어찌 되었든 간에 단테상은 그 자리에 있었던 우리 모두에게 즐거움을 준 것은 사실이었다.

단테는 피렌체의 한 귀족 집안에서 출생하였다. 그의 아버지는 대부업을 했던 것으로 알려져 있다. 단테의 어린 시절에 대해서는 18세가 되기 전에 부모를 잃었고 12세에 약혼하여 20세에 결혼했다는 사실이 알려져 있다. 이 결혼으로 그는 4명의 자녀를 얻었다. 그가 받은 교육에 대해서 그 스스로가 말한 바에 의하면 피렌체의 수도원 학교(도미니코회)에서 철학적 논쟁을 배웠다고 한다. 또한, 일부에서 주장되고 있는 설, 이를테면 단테가 대학에서 공부했다는 이야기, 역시 단테의 라틴어 수준과 문체를 감안하면 설득력이 있다.[29]

단테는 도량이 넓고 개인뿐만 아니라 인류 전체를 아우르는 사랑을 품었던 사람이었다. 그는 강한 기독교 신앙을 갖고 있었지만, 교회에 대해서는 매우 비판적이었다. 기독교 신앙 이외에 단테의 사상에 가장 큰 영향을 준 철학자는 아리스토텔레스였다. 부르크하르트에 의하면 단테는 누구보다도 창조적이고 강한 개성을 갖춘 사람이었고 때문에 그는 당대 최고의 국민적 선구자가 될 수 있었다.

> "살아서부터 시인으로, 철학자로 그리고 신학자로 불린 단테는 모든 작품에서 강렬한 개성을 힘차게 내뿜고 있다. 그 때문에 독자는 그 소재는 그만두고라도 바로 이 힘에 압도당하고 있다."[30]

---

29 Wikipedia, Dante Alighieri
30 야콥 부르크하르트, 이탈리아 르네상스의 문화, 한길사

단테상

단테는 엄청난 재주를 가진 이야기꾼이며 천재적인 시인이었다. 그의 이야기는 빠르게 진행되고 재미있고 놀랍고 무서운 사건으로 가득하면서 생생한 언어가 번득였다.[31]

그는 자신의 작품을 지식인과 교회의 언어였던 라틴어가 아닌 당시에는 속어라고 불린 이탈리아어로 썼고, 이로 인해 이탈리아어가 민족 언어로 발전하고 정착하는 데에 큰 기여를 하였다. 특히 그는 자신의 대표작인 〈신곡〉을 토스카나어로 썼는데, 이를 통해 토스카나어가 문학적인 언어로 사용될 수 있음을 보여주었다. 덕분에 토스카나어가 이탈리아 전역에서 인정되는 언어가 된 것이 사실이다. 〈신곡〉은 지옥과 연옥 그리고 천국을 여행하면서 본 내용을 기술한 기독교적인 서사시로서 악덕과 미덕, 보상과 처벌에 관한 내용을 담고 있다. 여기서 그는 기독교 신앙을 진지하게 수용했지만 동시에 인간의 감정과 고통 그리고 자유의지에 대한 깊은 성찰을 드러내었다. 〈신곡〉은 단테가 고대 로마의 최고 시인 베르길리우스의 도움을 받으며 지옥을 여행하는 이야기로부터 시작한다. 여기서 그는 지옥에 떨어진 인간들의 온갖 죄상과 그에 따른 형벌을 이야기하면서 기독교적 인과응보 윤리관을 드러낸다. 하지만 동시에 죄지은 인간들의 사연과 감정을 들으면서 연민의 정을 느낀다. 오욕 칠정의 인간들이 거기에 있었다. 이어서 그는 연옥을 여행하면서 인간의 내면에 있는 나쁜 감정에 관해 이야기한다. 그리고 마침내 인간의 자유의지를 주장하면서 르네상스 인문주의를 개막한다.

---

31 폴 존슨, 르네상스, 을유문화사

"만물이 모두 신의 뜻에 의해 결정되어 있다면, 살아갈 의미가 있을까? 하늘이 자네들을 움직이게 한다네. 그러나 그것을 알고, 그것을 빛으로 삼고, 그것을 자신의 힘으로 만들어 간다면, 자네들은 하늘의 작용에도 이길 수 있을 것이야. 그것이 바로 자유가 아니겠는가."[32]

단테의 〈신곡〉이 가진 문화사적 의미는 최초로 고대를 문화생활의 전면으로 내세워서 기독교 세계와 고대 세계를 함께 나란히 다루고 있다는 점이다. 당시는 기독교가 지배하던 시대라 기독교적 세계는 친숙했지만, 고대 세계는 상대적으로 미지의 세계였기에 더욱 흥미진진했다. 단테는 두 세계의 균형을 잡아준 사람이었다.[33]

단테는 또한 로맨티시스트였다. 9살 어린 시절에 성당에서 한 소녀 베아트리체를 우연히 만나 첫눈에 반했고 몇 년 후에 베키오 다리에서 잠시 대화를 나눈 후에 그녀를 평생 마음으로 사랑하였다고 알려져 있다. 그의 전 생애와 작품은 모두 그녀에게 바쳐졌다고 전해진다. 25세의 젊은 나이에 세상을 떠난 그녀는 결국 〈신곡〉에서 단테를 인도하고 구원하는 역할로 등장한다.

"눈 부신 빛 속을, 나는 베아트리체의 인도를 받아, 거리와 시간의

---

32   알리기에리 단테, 단테의 신곡, 황금부엉이
33   야콥 부르크하르트, 이탈리아 르네상스의 문화, 한길사

개념을 넘어서, 날아오르는 것도 아닌 불가사의한 상승력으로 하늘로 올랐다."[34]

그러나 베아트리체의 실체는 오늘날 단테 연구자들 사이에서는 의견이 분분하다. 어느 부유한 상인의 딸이라는 주장부터 실재의 인물이 아니라 단테의 문학에 출현하는 허구의 인물이라는 설까지 있다.[35]

단테는 그의 나이 35세에 임기 2개월의 피렌체 공화국 통령에 임명되었다. 그러나 임기를 마치고 로마에 사신으로 가 있는 사이 피렌체에서 반대파가 집권하는, 단테의 입장에선 불행하기 짝이 없는 사건이 발생하였다. 이로 인해 그는 1302년에 벌금과 추방을 선고받았는데, 그의 전 재산은 몰수되며 그가 피렌체로 되돌아오면 화형당할 것이라는 내용이었다. 이후 그는 이탈리아 각지를 떠돌았고 라벤나에서 망명 생활 중 사망하였다. 〈신곡〉에서 단테는 고향 피렌체에서 추방당해 망명 생활을 하고 있던 자신의 신세를 한탄하며 감정에 북받쳐서 이렇게 외친다.

"밤낮으로 전란에 휩싸인 이탈리아여. 그 땅에도 사람이 있었구나. 피렌체여, 너 또한 그렇구나. 하루 종일 아무리 법을 만들어 본들, 그 법이 평화를 지킬 수 있느냐. 정의를 외치며, 재판하고, 추방하고, 그래도 안 되면 또 법을 만드는 그대여."[36]

---

34 알리기에리 단테, 단테의 신곡, 황금부엉이

35 Wikipedia, Dante Alighieri

36 알리기에리 단테, 단테의 신곡, 황금부엉이

단테를 생각하다보면 가끔 당나라 시인 이백이 겹쳐 보일 때가 있다. 그는 안사의 난이 발생했을 때 감투욕으로 인해 정치판에 뛰어들었다가 결국 저승의 문턱 앞에서 간신히 살아 돌아온 인물이었다. 동서고금을 막론하고 정치판은 시인의 무덤이 아니던가. 단테는 지금 라벤나의 성 프란체스코 교회 옆에 있는 묘지에 잠들어 있다. 한번은 이곳에서 어느 이상한 사람이 십자가가 있는 제단에서 등불을 가져다가 단테의 묘 옆에 놓으면서 이렇게 말했다.

"이것을 받으십시오. 십자가에 달리신 저분보다는 당신이 이것을 받아야 마땅합니다."[37]

'신보다 인간이 먼저'라는 이슈를 처음으로 던진 '최초의 르네상스인'에 대한 존경의 표현이었을 것이다.

그를 추방한 피렌체는 그의 사후에는 명예로운 그의 유골을 차지하겠다고 라벤나와 전쟁을 벌이기까지 하였다.[38] 죽어야 빛을 보는 것이 천재 시인의 운명이던가? 당나라 시인 두보는 살아서는 전혀 인정받지 못하였고 떠돌이 생활을 하다가 영양실조로 죽었다. 하지만 오늘날 두보는 중국 역사상 최고의 시인으로 추앙되고 있다. 물론 단테는 생존 시에 이미 명성을 얻은 사람이다. 단지 죽은 후에 그의 명성이 더욱 커졌을 뿐이다. 이런 면에서 단테는 두보보다 훨씬 행운아였다.

---

37 야콥 부르크하르트. 이탈리아 르네상스의 문화. 한길사
38 폴 존슨. 르네상스. 을유문화사

단테에서 시작된 우리들의 대화는 자연스럽게 르네상스 시대 피렌체인의 문화생활로 흘러간다. 14, 15세기에 피렌체에서는 고도의 정치의식과 함께 예리한 지성과 예술성이 겸비되어 사회 발전에 있어서 문화적 동력이 넘쳐났다. 피렌체의 상인, 정치가, 학자들은 그리스어와 라틴어에 조예가 깊었을 뿐만 아니라 그들의 자식들에게 고전 서적을 읽게 하였으며 심지어 딸들도 수준 높은 문화 교육을 받았다. 이 시대에 피렌체 상류층의 교육 및 교양의 수준이 높았기 때문에 이들은 새로운 인문주의 예술의 후원자가 되었으며 서적 구매층을 형성하였다.[39] 15세기와 16세기 초에 피렌체 사람들처럼 열정적으로 문화에 헌신하고 문화야말로 가장 먼저 추구할 대상임을 인식하고 있는 이들은 어디에도 없었다.[40] 그래서 그 시대에 피렌체는 르네상스의 중심지가 되었다.

"피렌체 사람들은 왜 그렇게 고전을 좋아한 것일까요?"

"피렌체가 무역과 은행업으로 번창한 것으로 보아 외국인들과의 거래가 많았을 것이고, 특히 비잔틴 사람들이나 이슬람 세계의 사람들과 만날 일이 많았겠지. 그 시대의 상황을 볼 때 그들이 피렌체인보다 교양이 풍부하였을 것이고, 그들의 교양은 아마도 고전에 뿌리를 두었겠지. 피렌체 사람들은 문화적인 충격과 자극을 받았을 거야."

39 피터 머레이, 린다 머레이, 르네상스의 미술, SIGONGART
40 야콥 부르크하르트, 이탈리아 르네상스의 문화, 한길사

언젠가 어느 책에서 피렌체인은 개성이 강했다는 이야기를 읽은 적이 있었는데, 개성이 강한 사람일수록 세상과 인생에 대해 의문이 많은 법이고 그 답을 고전에서 찾으려 했던 것은 아닐까 하는 생각을 동시에 해 보았다.

"고전 문명은 중세 유럽 문명과 본질적으로 무엇이 다른가요?"

"중세 유럽에서는 '기독교의 유일신'이 문명의 중심을 이루었지. 중세의 도시는 성당을 중심으로 형성되었으며 성당이 건축의 주된 과제였지. 또한, 신학 중심의 학문, 교회음악이 주를 이룬 음악, 성서를 소재로 한 회화가 지배적인 미술이었고 조각은 주로 성당의 장식으로 사용되었어.

반면에 고전 문명에서는 '인간'이 중심을 이루었어. 고대의 조각이 인체를 정밀하게 표현했고, 문학은 인간의 오욕 칠정을 묘사했잖아. 결론적으로 인간의 욕망이나 능력 그리고 이성을 긍정하는 사상이 고대 그리스 로마 문명의 특징이라고 할 수 있지."

기독교에 빠진 중세 유럽에서 이교도인 고전 문명이 받은 멸시와 학대는 고대의 유물이 파괴되는 결과를 낳았다. 그러나 훗날 르네상스 시대에 들어서는 고대의 유물 발굴이 수익성 높은 사업이 되었다. 이 시대에 돈벌이에 미친 사람들이 유물을 찾기 위해 이탈리아의 강바닥을 쓸고 다녔다는 일화가 많이 있다. 그렇게 발굴된 유물들은 부유한 귀족, 은행가, 상인 및 고위 성직자들에게 고가로 팔려 나갔다. 사랑과 미움, 귀함과 비천함은 돌고 도는 것이 아니던가. 그래서 세상만사가 무상(無常)이라고 하였다. 좋다느니 나쁘다느니 하는 것도 사람의 마음이 만든 것일 뿐이다.

　두오모에서 가까운 곳에 메디치가의 역사가 서려 있는 **성 로렌초 성당**이 있다. 미(美)학적인 관점에서 보아도 독특한 외형을 간직하고 있는 피렌체 르네상스의 대표적인 건축물 중의 하나이다. 두오모의 돔 위에서 내려다보는 성 로렌초 성당의 돔은 크기만 작은 또 하나의 '브루넬레스키 돔'이다. 구시가지에 있는 규모가 큰 건물 중의 하나로서 사람들이 만나거나 여행객이 지친 다리를 잠시 쉬어가기에 적당한 주변 공간을 갖고 있다.

성 로렌조 성낭 중정

1_3_4 성 로렌초 성당

성 로렌초 성당(Basillica di San Lorenzo)은 피렌체에서 가장 오래된 성당 중의 하나인데 훗날 재건축되어 최초로 르네상스 양식으로 지어진 성당이 되었다. 본시 이 성당은 피렌체의 지배자였던 메디치 가문의 교회로 사용되기 위해 재건축된 것으로 제단 뒤쪽으로는 메디치가의 가족 묘지가 있다. 브루넬레스키는 메디치가의 의뢰를 받아 이 건물을 1421년에 착공했으나 완공하지 못하고 죽었다. 그는 이 성당을 설계하면서 오랫동안 로마에서 관찰하고 연구했던 판테온(신전)에서 실현된 조화로운 비율을 재생하였다.[41] 브루넬레스키는 음악에서의 화음을 건축에서의 조화로 실현하였다.

여러 악기에서 나오는 다양한 소리가 어우러져서 만들어 내는 화음은 건물의 다양한 부분들이 함께 창조하는 시각적인 조화로써 표현되는 것이다.[42]

---

41   Florenz und der Geist der Renaissance Doku Deutsch über die Renaissance Teil 2, BR HD

42   Stil Epochen 06 - Renaissance (1420~1600) [BR 2009]

훗날 메디치가 출신의 교황 레오 10세는 미완성 상태에 있던 성 로렌초 성당을 완성하기 위하여 1516년에 미켈란젤로에게 파사드 설계도를 준비하도록 지시하였고, 거기에 드는 대리석을 얻기 위하여 그를 카다라로 보냈다. 그러나 재정문제로 인하여 레오 10세는 공사계획을 취소하였고 그로 인해 이 공사는 시작도 되지 않은 채 아직 미완성으로 남아 있다. 미완성인 건물 정면의 파사드로 인하여 공사 중이거나 철거 중인 건물로 보일 수도 있지만, 겉과 속이 완전히 다른 유서 깊은 건물이다. '미완성이 아름답다'라는 격언에 적합한 사례가 바로 이 건물이다.

두오모의 돔에서 보는 성 로렌초 성당과 외부 전경

이 성당의 정면 오른쪽에는 미켈란젤로가 설계하고 바사리와 아만나티가 완성한 현관 계단이 있는데, 그 계단을 오르면 미켈란젤로가 건축한 라우렌치아나 도서관이 나온다. 이 도서관에는 메디치가에서 수집한 도서들이 소장되어 있었다.

이 도서관은 현관의 벽을 3단으로 높이고 최상부에 채광창을 두어 바닥 면적에 비해 천장이 높은 독특한 형태가 되었다.

현관 계단과 도서관

성당에 부속된 도서관으로는 꽤 큰 열람실을 보유하였고 전체적으로 고전적인 아름다움에 실용성을 겸비한 건물이라는 인상을 주고 있다. 학문에 대한 메디치가의 열정을 엿볼 수 있으면서 동시에 미켈란젤로의 천재성이 건축에서도 빛을 발했음을 알 수 있는 공간이다.

미켈란젤로는 어린 시절부터 메디치가의 후원을 크게 받았지만 1494년에 메디치가가 피렌체에서 추방된 후 재건된 피렌체 공화국을 사랑했고 긴밀한 관계를 맺었다. 그래서 피렌체에서 추방되었던 메디치가가 1512년에 귀환하여 다시 정권을 잡은 후에는 메디치가에 의해 보복을 당할지 모른다는 공포심을 갖고 있었다. 그러나 메디치가 출신의 교황 레오 10세는 그의 재능을 잘 알고 귀히 여겼기 때문에 복수를 하지 않았고 나아가서 미완성 상태에 있던 메디치가의 성당인 성 로렌초 성당의 공사를 미켈란젤로에게 맡겼다. 미켈란젤로는 성 로렌초 성당에 많은 작품을 남겼지만, 속으로는 공화국을 파괴한 메디치가를 경멸하였다. 그래서 그는 이런 말을 했다고 한다.

> "몇 년 후에는 사람들이 메디치가를 잊을지도 모른다. 하지만 내 작품의 가치는 영원히 기억될 것이다."[43]

---

43 LIDO - Geheimnis Michelangelo, BR HD

피렌체 중앙역에서 가까운 곳에 있는 **성 마르코 수도원**은 산꼭대기에 있지 않고 도시의 평지에 있는 보기 드문 수도원이었다. 지금은 성당과 박물관으로 사용되고 있는 이곳은 제법 큰 규모의 우아한 건물이다. 이 수도원으로 향하면서 우리의 머리는 수도원에 대한 호기심으로 가득하였다.

동양의 사찰에 비교될 수 있는 유럽의 수도원은 속세에 사는 사람들이 강한 호기심을 느끼는 장소임이 확실하다. 본시 중세의 수도원은 부(富)와 사치 같은 세속적 욕망을 멀리하고 정신생활을 영위하기 위해 세워졌는데, 수도사들은 황무지를 개간하여 식량 생산을 하기도 했다. 그러나 훗날에는 부유한 사람들이 구원을 받거나 혹은 노후의 안식처로 삼기 위해 수도원에 많은 재산을 헌납하였고, 이로 인해 수도원은 많은 토지를 차지하면서 점차 타락해갔다. 중세 수도원과 관련된 흥미로운 사실로서 스위스의 생갈 수도원에 보관된 820년경에 제작된 베네딕트 수도원의 청사진에는 수도원장과 수도사 및 방문객과 순례자를 위한 양조와 제빵 시설이 그려져 있다. 특히 1일 생산량이 400 리터 정도나 되는 우수한 장비를 갖춘 대규모의 맥주 생산 시설이 인상적이다. 당시 수도사들이 맥주를 즐기면서 살았음을 보여주고 있다. 그리고 중세 유럽에서 가장 큰 수도원이었던 프랑스의 클뤼니 수도원에서 11세기에 고기가 풍부하게 사용된 호화로운 식생활이 이루어졌다는 기록이 있다. 그러나 베네딕트 수도원 식단의 주된 메뉴는 뭐니 뭐니 해도 빵과 포도주였다. 그래서 이 음식을 만드는 것이 수도원의 일상이었고, 포도와 밀을 재배하고 가꾸는 일은 공동체의 자급자족을 위한 중요한 작업이었다.[44] 중세 베네딕트 수도원에서는 '노동은 곧 기도'라고 하는 신념이 확립

---

44 질리언 라일리, 미식의 역사, 푸른지식

되었다. 이는 '노동은 비천한 것으로서 노예들이나 하는 것'이라고 생각했던 고대 세계의 노동관을 혁명적으로 바꾼 사건이었다.[45]

한편 중세의 수도원은 학문과 지성의 보고였으며, 훗날에는 12세기에 출현한 중세의 대학과 함께 르네상스 인문주의의 요람이 되었다.[46] 에코(Umberto Eco)의 명작 〈장미의 이름〉은 14세기 초반 이탈리아의 한 수도원에서 발생한 고전(아리스토텔레스의 시학 제2권 희극)을 둘러싼 수도사들 사이의 갈등을 소재로 하고 있다. 여기서는 중세 기독교적 가치관(경건)과 고전적 미덕(웃음)이 맞부딪친 논쟁을 통해 고대 사상의 부활이 암시되어 있다. 중세적인 광신적 수도사와 고전에 경도된 수도사의 논쟁을 잠시 들어 보자.

> "웃음을 왈가왈부하는데 당신이 왜 겁을 먹는 것이지요? 이 서책을 없앤다고 해서 웃음이 없어지겠소?"
>
> "아니요, 결단코 아니오, 하지만 웃음이라고 하는 것은 허약함, 부패, 우리 육신의 어리석음을 드러내는 것에 지나지 않아요."[47]

---

45 A.J. Toynbee, 역사의 연구 II, 홍신문화사
46 폴 존슨, 르네상스, 을유문화사
47 움베르토 에코, 장미의 이름, 열린책들

1_3_5 성 마르코 수도원

성 마르코(San Marco) **수도원**은 피렌체 르네상스의 정신을 엿볼 수 있는 장소로 유명하다. 바로 이곳에서 고전 탐구의 열기가 뜨거웠기 때문이다.

1437년에 '국부 코시모'는 오래된 성 마르코 수도원을 부수고 새로 건축하는 일에 착수하였다. 이 공사는 건축가 미켈로초가 맡아서 1452년에 완공하였다. 이 수도원은 '국부 코시모'가 국정을 운영하던 중 잠시 휴식이 필요할 때마다 찾아가 수도사들과 대화를 나누는 공간이 되었다.

미켈로초는 성 마르코 수도원에 르네상스 시대 최초의 도서관을 지었다.

성 마르코 수도원 외관과 회랑

오로지 책을 보관하고 전시하기 위한 길고 우아한 방이었다. 그는 14세기의 수도원 기숙사를 연상시키는 공간에 책을 진열했다.[48] 중세풍의 공간에 고전 서적을 장서하여 르네상스 정신을 부각한 그의 의도가 엿보인다. '국부 코시모'는 그 도서관에 4백 권이 넘는 귀중한 필사본을 기증하였다. 그는 이 도서관을 자기 가문의 사람들뿐만 아니라, 일반인에게도 개방하여 공공 도서관으로 만들었다.[49]

도서관

---

48 폴 존슨, 르네상스, 을유문화사
49 김영숙, 피렌체 예술 산책, 아트북스

'국부 코시모'와 가까웠던 피렌체의 학자 니콜리는 책을 너무 좋아하여 자신의 전 재산을 털어서 책을 사들였다. 마침내 그의 돈이 떨어지자 이번에는 '국부 코시모'가 돈을 대서 그는 계속 책을 사서 모을 수가 있었다. 키케로의 〈웅변론〉 같은 책이 완본으로 전해 내려오는 것도 모두 니콜리 덕분이다. 그가 수집한 장서 800권은 그의 사후에 성 마르코 수도원 도서관으로 옮겨졌다.[50]

또한, 1453년 오스만튀르크의 콘스탄티노플 함락 이후 귀중한 고전 문헌을 가지고 피렌체로 이주한 비잔틴의 학자들이 이 도서관에서 고대 철학의 연구와 번역에 매진하였다. 그리고 이들을 기반으로 하여 '국부 코시모'는 1462년에 그 유명한 플라톤 아카데미를 설립하였다.[51] 여기서 그리스어와 라틴어로 된 고전 문헌을 폭넓게 연구했던 피코 델라 미란돌라(Giovanni Pico della Mirandola, 1463~1494)는 '인문주의 선언문'으로 불린 〈인간의 존엄성에 대한 연설〉(1486)로 피렌체 인문주의자들에게 크게 영향을 미쳤다. 거기에는 이런 구절이 나온다.

"아, 인간은 얼마나 복되고 복된 존재입니까! 인간은 무엇이든 선택할 수 있고 무엇이든 의도할 수 있는 능력을 부여받았습니다."[52]

50 야콥 부르크하르트, 이탈리아 르네상스의 문화, 한길사
51 Florenz und der Geist der Renaissance Doku Deutsch über die Renaissance Teil 4, BR HD
52 로버트 램, 서양문화의 역사 II, 사군자

도미니크 수도회에 소속된 성 마르코 수도원에는 당대 최고의 수도사 중 한 사람인 안젤리코(Fra Angelico, 1400~1455)가 있었다. 그는 또한 초기 르네상스를 대표하는 화가 중의 한 명으로서 이 수도원의 내부를 장식하는 프레스코 벽화를 그렸다. 바사리의 표현에 의하면 그는 한 점 거리낌 없는 신앙심을 가진 수도사로서 평생을 보냈고 소원은 오직 천국에 가는 것밖에 없었다고 한다.

프라 안젤리코

안젤리코의 프레스코 벽화

그는 세속적인 욕심이 없었던 사람으로도 유명했는데, 당시 교황 에우게니우스 4세가 그를 공석이 된 피렌체 대주교로 임명하려고 하자, 그는 자신에게는 그런 자리를 맡을 능력이 없다고 사양하면서 다른 사람을 그 자리에 추천했다고 하는 일화가 있다.[53] 그는 비교적 이른 나이에 도미니크 수도사가 되었고 설교단의 일원으로서 미술을 교화의 수단으로 활용했다.[54] 성 마르코 수도원에는 원래 1층에는 전용 성당 건물과 두 개의 정원이 있었고 2층에는 수도사들의 방이 40개 정도 있었다. 2층은 안젤리코가 방마다 그려넣은 40여 점의 프레스코 벽화들로 장식되어 있다.

안젤리코의 프레스코 벽화는 원근법과 사실주의적 표현으로 르네상스의 회화임을 보여주고 있다. 그럼에도 불구하고 원근법이 살짝 어긋나기도 하고 사실적인 색감을 포기하고 중세풍의 황금색과 짙은 파랑을 겹쳐 놓기도 하였다. 이로 인해 그는 중세풍 또는 비잔틴 미술을 떠나지 못한 것으로 보이기도 하고, 나아가서 그의 신앙이 아직도 중세에 머물러 있었던 것은 아닐까 하는 추측이 생기기도 한다.

53 스기마타 미호코, 르네상스의 거장들, 어젠다
54 피터 머레이, 린다 머레이, 르네상스의 미술, SIGONGART

그가 다소 감미로운 예배당 화가로 시작하여 점차 엄격하고 사실적인 화가로 발전했다는 일반적인 평을 고려하면 이 작품들이 발전적인 과도기의 모습을 보이는 것이라는 생각이 들기도 한다. 그러나 달리 보면 이는 수도원에서 명상과 기도로 사는 수도사들의 종교적 신실함을 다독거리기 위한 것일 수도 있다.[55]

수도사들의 기숙사

55 김영숙, 피렌체 예술 산책, 아트북스

성 마르코 수도원과 관련된 특별한 인물로는 '위대한 로렌초' 시절에 이 수도원의 원장으로 부임한 수도사 사보나롤라(Girolamo Savonarola, 1452~1498)가 있다. 그는 극도로 청빈한 삶을 살아야 한다고 주장한 선동가로 열정적이다 못해 광기어린 설교로 피렌체인들의 마음을 사로잡았다. 사보나롤라는 은혜를 원수로 갚기도 하였다. 그는 '위대한 로렌초' 덕분에 성 마르코 수도원의 원장이 되었건만 사사건건 메디치가를 비난하고 저주하였다. 그는 메디치가의 통치가 피렌체를 방탕하게 만들었고 그래서 메디치가는 신의 심판을 받아서 몰락할 것이라고 예언하였다.[56] 그의 저주가 약발을 받았는지 얼마 후인 1492년에 '위대한 로렌초'가 죽고 1494년에 메디치가가 피렌체에서 추방되었다. 이후 4년 동안 사보나롤라가 피렌체의 국정을 주도하였다. 그는 피렌체인의 사치와 방탕을 제어하였고, 수많은 예술품과 고대의 서적들을 공개적으로 태워 버렸다.

사보나롤라는 타락한 성직자들을 고발하고 교황청의 죄악을 비판하여 교회 개혁의 신호탄을 올렸다. 당연히 총구는 로마 교황을 향하게 되었다. 그러나 당시의 로마 교황 알렉산더 6세는 호락호락한 사람이 아니었다. 그야말로 탐욕과 후안무치 그리고 음모, 배신, 잔인과 방종으로 명성을 날렸던 르네상스 시대 최악의 '불한당 교황'이었다. 이런 자가 사보나롤라 같은 광신도에게 쉽게 당하겠는가? 게다가 당시 피렌체는 유약하고 부패한 정부와 각양각색의 파벌들이 설치는 혼돈 상태에 있었기 때문에 간교한 교황은 이런 정국을 쉽게 이용할 수 있었다. 교황은 피렌체로 사절단을 보내어 시뇨

---

56 Die Medici — Paten der Renaissance (2/4) — Lorenzo der Kunstmäzen, Phoenix HD

리아를 설득하여 (매수했다고 볼 수도 있음) 자신의 하수인으로 만들었고 시뇨리아는 군대를 보내어 사보나롤라를 체포하였다. 사보나롤라는 형사 재판소에서 심문과 고문을 받았지만, 반역자라든가 배교자였다는 증거도 자백도 나오지 않았다. 결국, 증거는 날조되었고 피렌체로 파견된 교황청 재판관들이 그에게 사형을 선고하였다. 1498년 5월 2일 사보나롤라는 시뇨리아 광장에서 온 시민들이 보는 앞에서 화형을 당하였다.

독신의 남자들이 살아가는 수도원이라는 곳은 비구승들이 살아가는 동양의 사찰만큼이나 많은 사람들의 호기심을 유발하는 장소이다. 직설적으로 얘기하자면 그들은 정말 섹스리스로 살았는지, 아니면 몰래 욕정을 해소했는지 궁금해하는 사람들이 많은 것이 사실이다. 물론 이 세상에는 욕정을 못 참는 사람도 있고 잘 참는 사람도 있어서 보편적으로 말하기는 어려운 일이다. 문학 작품을 통해 보면 에코 (Umberto Eco)의 〈장미의 이름〉에서는 수도원 근처에 사는 가난한 농가의 처녀가 밤에 몰래 수도원으로 들어와서 수도사들의 욕정을 해소해 주고 식량을 받아가는 이야기가 나온다.[57] 또한, 보카치오의 〈데카메론〉에 나오는 이야기로, 어떤 젊은 수도사가 우연히 마을의 예쁜 처녀를 보고는 참을 수 없는 욕정이 일어나게 된다. 그는 수도원으로 그녀를 끌고 들어와서 격렬한 성관계를 했는데, 이를 엿보게 된 수도원 원장은 감독해야 할 의무를 내팽개치고는 젊은 수도사에 이어서 그녀와 뜨거운 섹스를 나눈다.[58] 두 문학작품에 수도사들의 성행위가 묘사되어 있

57　움베르토 에코, 장미의 이름, 열린책들
58　조반니 보카치오, 데카메론 1, 민음사

지만, 의도된 바는 다른 듯하다. 〈장미의 이름〉에서는 빈곤했던 시대상을 리얼하게 전달하려는 의도가 있었다고 보인다. 반면에 〈데카메론〉에서는 수도원의 위선을 조롱하려 했던 것 같다. 인문주의자였던 보카치오는 이로써 정신만을 내세우고 육체를 부정했던 중세의 기독교적 인간관을 던져버리고 정신과 육체의 결합체로서 인간을 보려고 하였다.

두오모 맞은편에 있는 8각형의 유서 깊은 건물인 **성 조반니 세례당**에는 르네상스 시대에 기베르티가 제작한 피렌체의 최고 명물 중의 하나인 〈세례당 청동 문〉이 있다. 건물의 형태가 특이할 뿐만 아니라 건물에 부착된 환상적인 청동 부조 문짝으로 인하여 지나가는 사람의 발길과 눈길을 절로 사로잡는다. 세례당 건물은 언뜻 보면 종탑과 함께 두오모의 형제로 오해될 수도 있지만, 건물의 유래는 매우 다르다. 단지 두오모와 세례당을 함께 감상할 수 있어 발품을 덜어주는 고마움이 있을 뿐이다.

1_3_6 세례당 청동 문

성 조반니 세례당(Battistero di San Giovanni)은 고대 로마 시대에 지어진 신전으로 4세기경에는 작은 예배당으로 바뀌었고 11세기에는 세례 요한을 위한 성당이 되었다. 이 건물의 최대 볼거리는 르네상스 시대에 만들어진 청동 문이다. 페스트에 시달렸던 피렌체는 1401년 재난을 피하고자 신께 드릴 예물을 제작하기로 하였는데, 그것은 피렌체에서 가장 신성시되던 성 조반니 세례당에 아주 정교한 두 짝의 청동 문을 제작하여 봉헌하는 사업이었다. 이 청동문의 제작자인 조각가 기베르티(Lorenzo Ghiberti, 1378~1455)는 브루넬레스키와 〈세례당 청동 문〉을 놓고 최후까지 치열한 경쟁을 펼쳤던 피렌체 르네상스의 대표적인 조각가이다. 본시 금 세공사 교육을 받은 기베르티는 훗날에는 조각가로 명성을 얻었다.

자서전에서 스스로 밝혔듯이 그는 돈을 추구하지 않았고 예술을 우선시했다. 기베르티는 대단히 양심적인 사람이었고 완벽주의자였다. 그의 작업 속도는 현대인의 시각에서 보자면 어이없이 느렸다. 예를 들면 보석 한 점이나 묘비 하나를 완성하는데도 몇 년이 걸렸고, 청동 한 조각을 손으로 완성하는 데에만 몇 달이 걸렸다.[59]

---

59 폴 존슨, 르네상스, 을유문화사

세례당 외관

〈세례당 청동 문〉 제작과 관련해서 당시 피렌체의 유력 인사로 구성된 심사
위원회는 최종 후보로 남은 기베르티와 브루넬레스키에게 〈이삭의 희생〉을
테마로 하는 패널을 시범 제출하라고 주문했는데, 이는 아브라함이 자기 아
들인 이삭을 죽여 제물로 바치려는 순간 하느님의 명을 받은 천사가 나타나
만류하는 이야기이다.

지금도 이 두 모델 작품은 바르첼로 미술관에 나란히 전시되어 있다.

이 두 모델 작품에 대한 전문가적 평가는 한번 들어볼 만하다. 브루넬레
스키의 패널(사진 왼쪽)은 움직임이 격렬하며 난폭하기까지 하다. 기술적으
로는 부분 부분을 제작한 후에 조합되었다. 반면에 기베르티의 패널(사진 오
른쪽)에서 장면 묘사는 부드러우며 표면 처리가 뛰어나다. 그리고 기술적으
로는 단일 주조이다. 훗날 기베르티가 만년에 쓴 글에는 이렇게 적혀있다.

이삭의 희생, 바르첼로 미술관

"전문가들과 동료 경쟁자들 모두 내게 승리를 양보했다. 만장일치로 한 치의 예외 없이 내게 영광이 주어졌다."[60]

결국, 청동 문 작업은 기베르티에게 맡겨졌고, 그는 1403년부터 1424년까지 무려 22년 동안 세례당의 (지금의) 북문을 제작한다. 기베르티가 22년 동안 심혈을 기울여 제작한 청동 문 (지금의) 북문에는 그리스도의 생애에 관한 정경들이 총 28개의 작은 네 잎 모양의 문 장식에 20가지 일화와 8명의 단독 인물상으로 묘사되었다.

이 작품에 기울인 노력은 당대의 예술에서는 찾아볼 수 없는 완벽함 그 자체였다. 셀 수 없이 많은 주물이 실패하여 다시 시도되었고, 잘 주조된 것도 완성하는 데 몇 년이 걸렸다. 그는 마치 화가가 붓으로 캔버스에 그림을 그리듯 섬세한 손길로 청동을 조형했다. 청동 문 제작에서 기법상 가장 먼저 눈에 띄는 것은 원근법적인 표현이다. 기베르티는 가까이 있는 것은 크게, 멀리 있는 것은 작게 표현하여 실제에 가까운 입체적인 형상을 창조하였다.

청동 문 북문

60 피터 머레이, 린다 머레이, 르네상스의 미술, SIGONGART

마침내 그 문이 설치되었을 때 쏟아진 반응은 실로 엄청난 것이었다. 일찍이 예술 분야에서 이와 같은 반향을 일으킨 작품은 없었다. 온 피렌체 시민들이 그 문을 보려고 구름처럼 밀려 왔고 모든 사람이 감동하였다.

그로 인해 그에게 세례당의 (지금의) 동문까지 맡겨졌다. 이번에는 1425년부터 1452년까지 총 27년이라는 더 긴 시간이 걸려서 또 다른 걸작인 (지금의) 동쪽 청동 문이 완성되었다. 이것이 바로 미켈란젤로가 '천국의 문'이라고 감탄했던 그 청동 문이다. 좌우 각 다섯 개 총 10개의 큰 패널로 구성된 '천국의 문'은 구약 성서를 복잡하고 정교하게 표현하였다. 좌측 패널은 위에서 아

청동 문 동문

래로 천지 창조 · 노아 · 이삭 · 모세 · 다윗의 주제가 양각되어 있고, 우측 패널은 위에서 아래로 카인과 아벨 · 아브라함 · 요셉 · 여호수아 · 솔로몬의 주제가 부조되어 있다.

기베르티는 약 반세기 동안 그리고 예술가로서 자신의 생애 대부분을 청동문의 제작에 바치고 완성 후 3년 만에 죽었다. 그의 〈세례당 청동 문〉은 르네상스가 당시까지 이룩한 모든 것을 집대성한 작품으로, 젊은 예술가들이 나아갈 길을 제시해 주었다. 그래서 이탈리아 전역에 있는 예술가들이 이곳을 방문하여 그의 작품을 감상하고 배우고 갔다.

또한, 그의 작업장에는 도나텔로, 고촐리, 우첼로 등 당대의 유능한 예술가들이 조수로서 활동하여 르네상스 예술의 용광로가 되었다.[61]

〈세례당 청동 문〉의 제작이 페스트 때문이라는 이야기를 듣고는 후배에게 어떤 의문이 생긴 듯했다.

"페스트가 르네상스에 영향을 많이 주었나요?"

"14~15세기에 유럽은 여러 번 페스트로 인한 참화를 경험하였어. 그중에서도 1348년에 발생한 사건은 워낙 유명하지. 전대미문의 참사였으니까. 흑해의 크림반도에서 몽골족의 침략으로부터 시작된 이 무서운 전염병은 피난민의 이동을 통해 이탈리아를 감염시켰고 다시 서유럽 전역으로 퍼져서 결국 서유럽 인구의 약 1/3이 죽었어. 사방에 널린 게 시체였고 사람들은 목숨을 건지기 위해 땅과 집을 버리고 숲속으로 들어갔지. 한마디로 서유럽 전체가 패닉 상태에 빠졌던 것이야.

페스트가 지나간 뒤에 살아남은 사람들은 삶의 허망함을 크게 느꼈고 언제 죽을지 모른다는 생각을 하게 되었어. 그로 인하여 살아있는 동안 최대한 즐겁게 살자는 현세 지향적 사고방식이 출현했고, 그런 사고방식으로부터 성(性)적인 쾌락을 탐하는 경향이 생기기도 했지만, 또한 예술에 대한 애호와 탐닉이 강해지기도 했어."

---

61 폴 존슨, 르네상스, 을유문화사

뭔가 석연치 않다는 표정으로 후배가 다시 물었다.

"그런데 르네상스가 현세 지향성과 어떻게 연관이 되는 거죠?"

"중세 유럽에서 사람들은 죽어서 천국에 가는 것을 최고의 목표로 설정하고 살아갔지. 그러니까 사후에 신의 법정에서 심판받을 것을 생각해서 현세에서는 최대한 절제하고 살았던 것이지. 그런데 르네상스 시대에는 현세에서 행복하게 사는 것이 가장 중요하다는 생각을 하게 되었어. 성(性), 문학, 건축, 미술 등이 모두 현세를 즐기는 것이잖아. 동시에 신에게 잘 보이는 것은 부차적인 것이 되어 버렸지. 물론 그렇다고 해서 르네상스 시대 사람들이 신앙심을 버렸던 것은 아니야."

르네상스 시대의 많은 건축물, 조각, 회화작품들이 기독교와 연관되었다는 것은 그 시대의 사람들이 신앙을 버리지 않았다는 사실을 입증하고 있다. 르네상스 시대에는 종교적이면서도 동시에 자유로운 정신이 충만하였다.

〈데카메론〉에는 이런 이야기가 나온다. 피사에 한 판사가 있었다. 그는 재력과 지성을 갖춘 사람이었지만 선천적으로 허약 체질이었다. 그는 정력이 몹시 약했음에도 불구하고 늘 젊고 아름다운 여자를 만나기 위하여 끊임없이 노력하였고, 지성이면 감천이라고 마침내 소원을 이루었다. 당대 피사 최고의 미인으로 알려진 여자와 결혼을 한 것이다. 너무도 기뻤던 판사는 결혼식을 성대하게 치렀다. 그런데 우려했던 문제가 첫날밤에 발생했다. 정력이 너무도 약했던 이 사내는 신방에서 신부를 한번 품고는 일이 끝나기도 전에 녹초가 되고 말았다. 문제의 심각성을 깨달은 이 사내는 정력에 좋다는 온갖 약제를 들이켰지만, 백약이 무효였다. 그는 결국 정력 강화는 포기하였고 대신에 다른 돌파구를 발견하였다. 어느 날 그는 이상한 달력을 가져와서 아내에게 보여주었는데, 이 달력에는 단 하루도 성인들의 축일이 아닌 날이 없었다. 그리고 축일에는 남녀가 성행위를 해서는 안 된다는 계율이 있으며 이를 충실히 지켜야 한다고 주장했다. 이런 한적한 부부 생활을 하던 중 어느 여름휴가 때 이 판사는 동료 부부를 초대하여 배 2척을 빌려서 바다낚시를 떠났다. 배 한 척에는 두 남자가 타고 낚시에 열중하고 있는 사이에, 두 명의 여자가 타고 있던 다른 배는 파도에 떠밀려가 멀어졌고 바로 그때 해적선 한 척이 다가와서 여자들이 타고 있던 배를 나포해서 도주해 버렸다. 이후 미모의 판사 부인은 해적 두목의 인질이 되었고 끝내는 그의 여자가 되고 말았다. 해적 두목은 판사와는 정반대로 성인 축일이나 휴일도 없이 매일 밤 그녀를 품었고, 이에 듬뿍 맛 들인 판사 부인은 남편과의 이전 결혼 생활은 새까맣게 잊어버리고 행복하게 지냈다. 둘은 모나코에 새로운 보금자리를 만들었다. 그 사이에 마누라를 잃어버린 판사는 백방으로 수소문한 결과 모나코에서 해적 두목과 함께 있다는 사실을 알아내고 그녀를 구출하기 위해 충분한 몸값을 치를 준비를 하고는 모나코로 가게 된다. 해적 두목이 사는 집을 방문하여 아내를 돌려달라고 애원하자, 그 해적 두목은 그녀가 판사의 부인이었는지 본인을 통해서 확인해 보자고 했다. 그녀가 두 남자 앞에 나타났을 때 판사는 감격하여 눈물을 펑펑 흘리며 그녀를 데리러 몸값을 가지고 왔다고 하며 함께 돌아가자고 하였다. 그런데 그녀는 판사를 보면서 "저에게 말씀하시는 건가요? 아마 사람을 잘못 보셨나 봐요. 저는 도통 선생님을 뵌 기억이 없는데요."라고 하였다. 판사는 그녀가 그러는 것이 해적 두목에 대한 두려움 때문이라고 생각했다. 그래서 해적 두목에게 단둘이 있게 해달라고 부탁했다. 둘만 있게 되자 판사는 이제는 자기를 기억해 보라고 애원하였다. 그러자 그녀가 하는 말이 "내 기억력도 당신이 내 남편이란 걸 알 만큼은 충분히 좋아요. 그때나 지금이나 당신이 그렇게 현명하시다면 나 같이 싱싱하고 정력이 왕성한 젊은 여자가, 비록 수줍어 말은 못 해도 음식과 옷 말고 다른 것을 필요로 한다는 것쯤은 아셨어야 하는 거 아네요?" 그녀는 잠시 숨을 고르더니 작심한 듯이 이렇게 말했다 "하지만 자애로우신 하느님께서 나의 젊음을 불쌍히 여기셔서 이 방을 함께 쓰는 남자를 만나게 해 주셨어요. 이 방에서는 당신이 여자에게 봉사하기보다 하느님께 헌신하며 그렇게 떠받들던 그 축일이란 것이 대체 뭔지 아무도 몰라요. 그뿐만 아니라 이곳은 밤낮으로 쉬지 않고 꿀벌처럼 일하는 괜찮은 곳이에요. 오늘 아침에도 기도 종소리가 거의 그치기도 전에 저 양반은 뭐 그런 걸 저랑 했단 말이에요. 우리가 얼마나 바쁜지는 말로 다 할 수가 없네요. 그러니 나는 저이와 함께 있겠어요. 당신은 가서 축일들이나 실컷 챙기세요."[62]

죽은 뒤 신의 심판보다는 현세에서 생(生)을 즐기겠다는 생각이 표현된 일화였다. 사실 삶이란 늘 현재에 있는 것이다. 과거는 이미 지나갔고 미래는 어떻게 될지 알 수 없기 때문이다. 내일 우리가 살아 있을지조차도 알 수

---

62 조반니 보카치오, 데카메론 1, 민음사

없는 것이 인생이 아니던가. 또한, 죽어서 신의 심판을 받을는지 그리고 신이 무엇을 문제 삼을지도 죽어 봐야 아는 일이 아니던가. 기껏 지상으로 보내 주었더니 삶을 즐기지 못한 것을 탓할 수도 있다.

덧붙여서 페스트의 발호는 사람들의 식생활에도 영향을 주었다. 중세시대 대부분 사람의 주식은 곡물과 채소였다. 그런데 1348년에 페스트가 유럽을 휩쓴 후에 농촌 지역의 인구가 급감하였고, 노동력의 부족으로 인해 경작지가 감소하면서 양과 소를 키우는 목초지는 늘어났다. 결국, 인구의 감소로 인해 고기의 수요는 줄었지만 반면에 고기의 공급이 늘어났기 때문에 고깃값이 떨어져서 고기를 쉽게 먹을 수 있게 되었다.[63] 페스트는 서구인의 식생활이 점차 육식 위주의 식단으로 바뀌는 계기를 제공하였다.

---

63 질리언 라일리, 미식의 역사, 푸른지식

1_3_7 바르첼로 미술관과 아카데미 미술관

시뇨리아 광장 근처의 대로변에 있는 제법 높은 석조 건물인 **바르첼로 미술관**은 13세기 말부터 16세기 초까지 피렌체 행정 책임자의 사택으로 지어졌고, 16세기 후반부터는 사법부 장관의 집무실로 사용되었다. 1866년부터 주로 르네상스 시대에 피렌체와 로마에서 조각가로 활동한 사람들의 작품이 전시되어 있다. 이 건물의 우아한 중정과 전시실에는 고대와 르네상스 시대의 대리석상과 청동상이 가득하다.

이곳에 있는 작품 중에서 최고봉은 뭐니 뭐니 해도 **도나텔로의 〈청동 다비드〉**이다. **도나텔로**(Donatello di Niccolo, 1386~1466)는 초기 르네상스 조각을 대표했던 사람 중 한 명으로서 피렌체에서 목각사의 자식으로 태어났다. 그는 상냥하고 정이 많았으며 청렴한 성품의 소유자였고 평생 독신으로 살았다.

또한, 그는 겉치레나 허세가 없는 사람으로서 항상 검소하고 소박하였다. 때로는 후원자들이 위대한 예술가의 위상에 걸맞은 좋은 옷을 그에게 보내주기도 했지만, 그는 한두 번 입어 보고는 버리기 일쑤였다. 하지만 예술적으로는 완벽성과 독립성을 추구하여 자신의 주장을 굽히지 않고 끝까지 밀고 나가는 사람이었다. 후원자들을 상대로 한 그의 무례한 말과 고집부리기는 당시 피렌체에서 유명한 이야기였지만 다행히도 후원자들은 그의 예술 정신과 가치를 인정하여 그를 존경하였다.[64]

---

64 폴 존슨. 르네상스. 을유문화사

바르첼로 미술관 외관과 중정

그는 '국부 코시모'의 끔찍한 사랑을 받아서 그의 후원으로 많은 뛰어난 작품을 제작하였으며 죽어서도 먼저 간 '국부 코시모'의 옆에 나란히 누웠다. 돈에 무관심한 도나텔로의 성격을 잘 알고 있던 '국부 코시모'는 죽기 직전에 아들 피에로(Piero de Medici, 1416~1469)에게 도나텔로가 생계를 걱정하지 않고 창작에만 전념할 수 있도록 피렌체 교외의 카파졸로라는 곳에 있는 농장을 도나텔로에게 주라는 유언을 남겼다. '국부 코시모'에 이어서 메디치가의 수장이 된 피에로는 아버지의 유언을 실행하였다. 그런데 얼마 지나지 않아서 도나텔로가 피에로를 찾아와서, 농장을 돌려주고 싶다고 말했다. 피에로가 그 이유를 물었더니 도나텔로가 하는 말이 "거의 사흘마다 바람이 불어서 비둘기집이 날아가 버리고, 세금을 내기 위해 가축을 처분해야하고, 태풍이 불면 포도밭이 엉망진창이 되지 않을까, 과수원은 어떻게 되어있을까 하는 걱정 때문에 안심하고 창작에 전념할 수가 없습니다, 이럴바에는 차라리 가난 속에서 죽는 편이 낫습니다."[65] 결국, 피에로는 도나텔로가 돌려준 농장을 받았고 대신에 매달 도나텔로의 생활비를 대 주었다.

도나텔로는 기베르티의 〈세례당 청동 문〉 제작과정에 몇 년간 기베르티의 조수로 참여했었고, 기베르티의 가르침을 가장 잘 흡수하여 자신의 작품세계를 완성한 조각가라는 평판을 받았다. 그는 강한 개성으로 조각의 형태와 양식을 창안하고 탐구하는 데 전념했다. 어쩌면 르네상스의 정신을 조각의 세계에서 가장 잘 표현한 예술가이기도 했다. 또한, 그는 중세 시대 건물의 장식품이었던 조각을 건물에서 떼어내어 독립된 예술 분야로 승화시켰다.

---

65 시오노 나나미, 르네상스를 만든 사람들, 한길사

도나텔로는 브루넬레스키와 함께 로마로 가서 오랜 기간 고대의 조각을 연구하였다. 그는 고대 로마의 초상 조각을 진실로 이해하게 되었으며 이후 그의 작품에는 고전적 주제가 등장하게 되었다. 예를 들면 2세기 안티노우스 대리석상에서 영감을 받은 〈청동 다비드〉(1430~1432) 그리고 로마 황제 아우렐리우스의 기마상에서 영감을 받은 〈가타멜라타 기마상〉(1443~1453)이 이에 해당한다.

베네치아의 용병 대장이었던 가타멜라타(Gattamelata, 1370~1443)의 거대한 기마상은 도나텔로가 이 장군의 가문으로부터 의뢰를 받고 제작하게 되었다. 이 기마상은 위풍당당한 기상으로 인하여 아우렐리우스 기마상을 뛰어넘는 수준을 보인다.[66] 이와 함께 승리를 거두고 화려하게 치장된 큰 말을 타고는 있지만, 개성 넘치는 못생긴 얼굴을 그대로 표현한 것은 경탄할 만한 사실주의적 추구이다.[67]

---

66 로버트 램, 서양문화의 역사 II, 사군자
67 피터 머레이, 린다 머레이, 르네상스의 미술, SIGONGART

가타멜라타 기마상, 파도바
출처: 위키백과

　상기의 작품들로 인하여 도나텔로가 단순히 고전의 모방에 빠지지 않고 자신의 개성을 분명히 드러냈음이 드러났다. 도나텔로가 실현한 청동 주물상은 고대 로마 시대 이래로 사장된 예술의 장르였다. 이 분야는 9세기가 지나는 동안에도 세부 제작 기법이 알려지지 않은 까다로운 작업이었다. 그가 1453년에 완성한 〈가타멜라타 기마상〉은 숱한 어려움을 극복한 결과물이었다.[68]

68　G.F. 영, 메디치 가문 이야기, 현대지성

청동 다비드

그의 대표작인 〈청동 다비드〉는 원래 메디치 궁전의 안뜰에 놓기 위하여 제작된 것인데, 고대시대 이래 최초로 등장한 청동 나체상으로서 편안하고 느긋한 사세와 기이한 형태의 모자 밑으로 드리운 음영 등은 로마의 미술 양식을 연상시킨다.[69] 도나텔로가 '국부 코시모'에게 〈청동 다비드〉의 구상을 설명했던 당시만 해도 이 구상을 실현하기 위해서 용기가 필요했다. 왜

---

69 피터 머레이. 린다 머레이. 르네상스의 미술. SIGONGART

냐하면, 몇 세대 전까지만 해도 나체인 고대의 조각이 불경하다 하여 파괴되고는 했기 때문이다.[70] 도나텔로는 〈청동 다비드〉에서 중세 유럽에서 금기시되었던 인간의 나체를 표현함으로 중세와 작별을 고하고 르네상스라는 새로운 정신의 출현을 알렸다. 그리고 인체에 대한 해부학적 지식을 조각에 정밀하게 표현하여 명성을 얻었다. 이런 면에서 이 작품은 사실주의라고 평가될 수 있지만 반면에 나체의 다비드가 챙이 넓은 모자를 쓰고 있으며 소녀같이 아름답고 놀랄 만큼 젊다는 점에서 환상적인 상상력의 소산으로 보인다.[71]

또한 〈청동 다비드〉에는 인체 각각의 부위를 움직이는 근육이 정밀하게 묘사되었으면서도 근육질의 우람한 남성상이 아니라 매끈한 미소년의 육체로 표현되어 관능미를 부활시켰다는 평가를 받기도 한다. 그래서 일부에서는 도나텔로의 〈청동 다비드〉가 15세기의 피렌체에서 동성애를 자극했다고 비판하고 있다. 실제로 15세기 피렌체에서 동성애자로 고발된 사람은 14,000명으로 인구대비 비율이 이탈리아의 다른 도시들에 비해서 월등히 높았다고 한다.[72]

70 Die Renaissance (1/2)| HD | Arte | Doku
71 폴 존슨, 르네상스, 을유문화사
72 Die Medici - Paten der Renaissance (1/4) - Aufstieg einer Dynastie, Phoenix HD

이곳에 있는 또 다른 명작으로서 **미켈란젤로**가 20대 초반의 젊은 나이로 로마에 머무르던 시절에 완성한 대리석 조각 **〈바쿠스〉**를 들 수 있다.

〈바쿠스〉는 은행가 야콥 갈리의 자택 정원을 장식하기 위하여 고대 조각의 모습으로 만들어 달라는 주문을 받고 제작되었다.[73] 대리석 조각 〈바쿠스〉는 고대 그리스 신화에 나오는 포도주의 신 바쿠스를 묘사한 작품이다. 바쿠스는 오른손으로 잔을 높이 들고 있고 왼손 가까이에는 반인반수 사티로스가 포도를 훔쳐 먹으면서 관람자를 향해 미소 짓는다. 당시 아직 명성을 얻지 못한 22살의 미켈란젤로는 이 작품을 통해 대리석을 다루는 솜씨가 탁월함을 과시하였다.

바쿠스

73 스기마타 미호코, 르네상스의 거장들, 어젠다

아카데미 미술관 외관

　피렌체 중앙역에서 멀지 않은 허름한 노로변에 있는 **아가데미 미술관**은 언뜻 보면 이 건물이 진짜 미술관인가 하고 의심할 정도로 눈에 띄지 않는 평범한 건물이다. 아카데미 미술관은 본시 1563년에 세워진 피렌체 순수 예술 아카데미로서 유럽에서 최초로 회화나 조각 등을 가르치던 학교였다. 훗날 미술관으로 변신하여 지금은 **미켈란젤로의 〈다비드〉** 원품이 있는 곳으로 유명하다. 이 미술관 입구에 아침부터 관람객이 줄 서 있는 것이 이 작품을 관람하기 위함이 확실해 보였다. 이로써 〈다비드〉가 얼마나 유명한 조각 작품인지를 알 수 있었다. 단지 이 작품이 좀 더 근사한 미술관에서 전시되지 않는 것이 이상하게 느껴졌을 뿐이다.

　미켈란젤로(Michelangelo Buonarroti, 1475~1564)는 전성기의 르네상스를 대표하는 천재 조각가였을 뿐만 아니라 화가이자 건축가였다. 그가 훗날 로마에서 교황의 요청으로 제작한 시스티나 예배당의 프레스코 회화 〈천지창조〉, 〈최후의 심판〉과 건축(성 베드로 성당의 돔)은 지금까지 불후의 명작으로 명성을 날리고 있지만, 미켈란젤로 그 자신은'자기를 조각가라고 생각하며 살았다. 그에게서 회화와 건축은 외도였다. 그러나 그는 외도에서도 명작을 창조할 만큼 뛰어난 예술가였다.

미켈란젤로의 주특기이기도 했던 대리석 조각은 규모가 웅대하면서도 정교하여 동시대의 다른 조각가들을 위축시켰으며 후대에도 그와 견줄만한 사람은 출현하지 않았다.

피렌체 근교인 카프레세에서 명망 있는 시민 집안에서 태어난 미켈란젤로는 어려서는 라틴어 학교에서 공부했다. 그는 어릴 때부터 강한 의지를 가진 사람으로서 아버지의 반대를 물리치고 예술가가 되려는 자신의 꿈을 실현하였다. 미켈란젤로는 고집불통의 성격으로서 자주 의뢰인과 충돌을 하였고 사람을 매우 싫어했으며 머릿속은 오로지 예술에 대한 생각으로 가득 차있었다. 그는 외모에 전혀 신경을 쓰지 않았으며 극도로 소박한 생활을 하였다. 심지어 그는 다음날 다시 옷을 꺼내 입는 것이 귀찮아서 옷을 갈아 입지도 않고 그대로 잤다는 일화도 있다. 미켈란젤로가 좋아했던 식단은 소금을 넣지 않은 빵, 콩, 녹색 채소로 구성된 토스카나 농부의 소박한 식단이었다. 그래서 그가 외모뿐만 아니라 식생활에도 관심이 없었다는 이야기가 있다. 그러나 그가 로마에 살던 시절에 피렌체로 편지를 보내 병아리콩, 렌즈콩, 누에콩, 소금에 절인 소시지, 햄, 치즈, 포도주 등을 자신의 집으로 운반하게 한 것을 보면 식생활에 관심이 없지는 않았던 듯하다.[74] 생애에 전

---

74 질리언 라일리, 미식의 역사, 푸른지식

체적으로는 여자에게 관심이 없어서 평생을 독신으로 살았고 당시 사람으로는 대단히 장수를 하여 89세에 로마에서 죽었다.[75]

미켈란젤로
출처 : 위키백과

어떤 작가는 미켈란젤로에게는 영혼의 병이 있던 것이 아닌가 하고 생각하였다. 그는 걸핏하면 싸우고 타인이나 자신에게 자주 화를 냈기 때문이다. 그의 마음에 사랑이 결핍되어 있다고 생각했던 것 같다.[76] 그러나 그도 사랑에 깊이 빠진 적이 있었다. 그가 60대의 나이로 로마에서 활동할 때 로마의 귀족이며 당대 최고의 시인이었던 40대의 미망인 콜론나(Colonna)를 깊이 사랑하였다. 미켈란젤로는 그녀에게 사랑의 시를 써서 보내기도 하였지만 두 사람의 관계가 연인으로 발전하지는 못했고 다만 함께 산책하면서 예술과 종교에 관해 대화를 나누었다. 두 사람은 상대의 예술 세계에 대해 존경심을 갖고 있었다고 전해진다. 이후 미켈란젤로의 예술은 그녀에게 영향을 받은 것으로 보인다.[77]

75 스기마타 미호코, 르네상스의 거장들, 어젠다
76 폴 존슨, 르네상스, 을유문화사
77 LIDO - Geheimnis Michelangelo, BR HD

그는 초창기에 메디치가의 수장인 '위대한 로렌초'의
적극적인 후원을 받아서 작품 활동을 했다. 로렌초는 자
신이 세운 예술학교에서 대리석 조각을 하고 있던 13살
의 어린 미켈란젤로의 재능을 발견하고 그를 메디치 궁
전에 데려와 함께 기거하면서 그의 작품 활동을 후원하
였다. 미켈란젤로는 메디치 궁전에서 로렌초의 7명의 자
녀들과 함께 성장하였는데, 이것은 예술가와 후원자 사
이의 일반적인 관계를 훨씬 뛰어넘는 획기적인 사건이었
다.[78]

그러나 '위대한 로렌초'가 죽고 나서 1494년에 메디치
가가 피렌체에서 추방당하자 1496년 21세의 나이로 로마
에 왔다. 그는 로마에서 5년간 머물며 〈바쿠스〉(1496~1497,
바르첼로 미술관)와 〈피에타〉(1498~1501, 성 베드로 성당)라
는 두 개의 훌륭한 작품을 완성하였다.

시뇨리아 광장에 있는
모조품 다비드

---

78   Die Medici — Paten der Renaissance (2/4) — Lorenzo der Kunstmäzen, Phoenix HD

이후 그는 피렌체로 돌아와 피렌체 정부의 의뢰를 받아서 그의 대표적인 조각 작품인 〈다비드〉(1501~1504)를 제작하였다. 높이 5m 무게 12t의 대형 흰색 대리석을 재료로 하여 뛰어난 해부학적 지식을 바탕으로 우람한 성인 남성의 근육을 섬세하게 표현하였다.

이 대리석은 이전에도 다른 조각가가 다비드를 조각하려고 다리 부분에 구멍을 뚫어 놓아 볼품이 없어진 것이었는데 미켈란젤로가 그것을 넘겨받아서 피렌체 공화국의 '독립, 자유, 정의의 정신'을 상징하는 새로운 〈다비드〉를 만들어 냈다. 피렌체 공화국이 미켈란젤로에게 〈다비드〉를 의뢰한 것은 공화국을 상징하는 '다비드'가 메디치가를 상징하는 '골리앗'에 맞서 승리한 것을 기념

다비드

하기 위한 것이었다. 그래서 완성된 〈다비드〉는 공화국을 상징하는 시뇨리아 궁전 앞에 세우기로 하였다.

한편 미켈란젤로는 어린 시절 메디치 궁전에서 함께 자랐던 '위대한 로렌초'의 둘째 아들인 조반니 데 메디치 (훗날의 교황 레오 10세)의 야심을 알고 있었기 때문에 언젠가 그가 피렌체를 되찾기 위해서 공격할 것이라고 예측했다. 그리고 그의 예측은 훗날 1512년에 적중하였다.[79]

---

79 Die Medici – Paten der Renaissance (3/4) – Die Päpste der Medici. Phoenix HD

미켈란젤로가 〈다비드〉를 조각하는 과정에서 발생한 일화가 있다. 조각이 거의 완성될 즈음에 그에게 〈다비드〉 제작을 의뢰한 피렌체 시장 피에로 소데리니가 작업장을 방문하였다. 그는 마치 전문적인 미술품 감정사라도 되는 듯이 작품을 관찰하더니 갑자기 다비드의 코가 너무 큰 것 같다고 미켈란젤로에게 말하였다. 미켈란젤로는 시장이 서 있는 장소에서는 균형 잡힌 시각으로 볼 수 없다는 것을 알아차렸지만 그 문제로 그와 논쟁을 하고 싶지 않았다. 대신에 미켈란젤로는 그를 작업대 가까이 오게 하고는 자신은 조각의 코 높이로 올라가서는 조각칼과 주위에 쌓여있는 대리석 가루를 한 줌 들어서 조금씩 밑으로 떨어트리면서 마치 코를 손보는 것처럼 연기하였다. 얼마 후에 미켈란젤로는 옆으로 한 걸음 물러서서 시장에게 이렇게 말했다.

"이제 다시 한번 봐 주시죠."
"됐습니다. 코를 손보니 한결 나아 보이는군요."

시장이 말했다.

"마치 살아있는 사람의 코 같습니다."[80]

---

80 로버트 그린, 권력의 법칙, 웅진지식하우스

미켈란젤로의 조각을 들여다보면 근육과 골격에 관한 해부학적인 지식이 토대를 이루고 있음을 알 수 있다. 그는 해부학적 지식을 얻기 위해 빈번히 시체 해부를 관람하였고 심지어는 직접 해부를 해보기도 하였다.[81] 이 점은 그의 사실주의적 경향을 보여준다. 반면에 〈다비드〉에서 미켈란젤로는 자신의 역량을 과시하기 위하여 주제의 성격을 왜곡하는 경향이 있다는 것이 드러났다. 미켈란젤로가 표현한 〈다비드〉는 차라리 삼손이나 헤라클레스에 가깝다는 느낌을 준다는 것이다. 그래서 많은 평론가로부터 미켈란젤로의 조각은 뛰어나지만, 예술의 참 정신을 훼손했다는 평가를 듣는다. 그러나 또 다른 견해도 설득력이 있다. 그것은 미켈란젤로가 표현한 〈다비드〉는 바로 신의 형상이고 이로 인해 그는 '신처럼 이성과 능력을 갖추고 있는 인간이 바로 신이다'라는 르네상스의 정신을 조각을 통해 설명한 것이다.[82]

구시가지에서 아르노강을 건너면 피렌체에서 가장 큰 궁전인 **피티 궁전**(Palazzo Pitti)을 볼 수 있다. 이 궁전은 정면이 3층으로 구성된 우람한 석조 건물로서 1층은 메디치 궁전처럼 크고 울퉁불퉁한 석재로 건축된 루스티카 양식이다. 그러나 메디치 궁전에서 엿볼 수 있는 소박함과 겸손함 대신에 사치와 허영 그리고 과시가 돋보이는 건물이 바로 피티 궁전이다. 이 궁전으로 인하여 공화국 시절에 피렌체 르네상스의 아이콘인 메디치가가 대략 100년이 지나서 전제 왕가로 변질된 내력을 한눈에 알 수 있었다.

---

81   LIDO — Geheimnis Michelangelo, BR HD

82   Die Renaissance (1/2)| HD | Arte | Doku

1_3_8 피티 궁전

루카 피티 (Lucca Pitti 1389~1472)는 15세기 메디치가의 라이벌이었던 피티 집안의 인물로, 피렌체 대성당의 돔을 건축했던 브루넬레스키에게 메디치 궁전만큼 훌륭한 궁전을 지어달라고 의뢰했다. 그래서 이 궁전의 기본적인 설계는 브루넬레스키가 했지만, 실질적인 공사는 그의 사후에 시작되었다. 그러나 아쉽게도 자금 부족으로 공사가 중단되었는데, 미완성의 상태로 남아 있던 이 궁전을 훗날 메디치가 출신의 피렌체 공작 코시모 1세가 매입하여 완공하였고 이어서 자손들의 증·개축을 거쳐 지금의 모습이 되었다.

메디치가 장자계열의 대(代)가 끊어진 후에 메디치가 방계인 코시모 (1519~1574)가 1537년에 신성 로마 제국 황제의 보호령인 피렌체의 공작 코시모 1세가 되고 이어서 1569년에는 사실상의 왕이라고 할 수 있는 토스카나 대공이 된다. 이 시대에는 르네상스의 중심이 이미 로마를 거쳐서 베네치아로 넘어갔다. 또한, 정치적으로 피렌체는 공화국 시대의 자유와 개성이 넘치는 분위기와 달리 메디치 왕가의 전제 정치에 놓이게 되었다.

코시모가 피렌체 공작이 된 과정은 매우 극적이다. 최초로 피렌체 공작이 되었던 장자 계열의 사생아인 알렉산드로가 여색을 밝히다가 암살당한 뒤 메디치가 장자 계열의 대(代)가 끊긴 상황이 발생했다.

나나미의 소설 〈은빛 피렌체〉에는 이 이야기가 흥미롭게 묘사되어 있다. 피렌체 공작 알렉산드로는 무지하고 저급한 인간으로서 메디치가 장자 계열 출신의 교황 클레멘스 7세와 하녀 사이에서 태어난 사생아로 알려져 있다. 그는 부친인 교황의 뒷배로 피렌체 공작이 된 후에 이 여자 저 여자를 취하는 재미로 살고 있었는데, 어느 날 메디치가의 먼 친척인 한 아름다운 여자를 보고 첫눈에 반해서 그녀와 동침하고픈 욕정을 참을 수가 없었다. 그녀는 미망인이 되어서 당시에는 수도원에서 생활하고 있었기 때문에 임자 없는 몸이었다. 알렉산드로는 그녀를 침대로 끌어들이기 위해서 그녀의 친오빠이며 현재는 자신의 신하로서 복무하는 먼 친척뻘 젊은이에게 온갖 회유와 협박을 가했다. 여동생이 훌륭한 남자와 재혼하기를 바란 그 젊은이는 결국 알렉산드로를 은밀하게 살해하고는 경쟁국인 베네치아로 도주했다.[83]

이때 당시 17세에 불과했던 코시모라는 이름을 가진 메디치가 방계의 한 젊은이가 피렌체 정계의 유력 인사들에게 양의 얼굴을 하고 접근하여 그들의 도움으로 죽은 알렉산드로의 공작자리를 계승하였다. 당시 피렌체는 다시 공화국으로 돌아갈 수도 있는 형국이었지만 공화국보다는 유약하고 미련한 공작을 형식적인 통치자로 세우는 것이 자신들의 입지를 다지는 데에 유리하다고 생각한 정치인들에 의해서 코시모는 공작자리를 어부지리로 꿰찼다. 그러나 코시모는 피렌체 공작이 되자마자 그동안 써왔던 가면을 벗어던지고 전제 정치를 실행하였으며 자신에게 반대하는 세력과의 내전에서 황제군의 도움으로 승리하였다. 그 후 그는 공포 정치를 시작하였는데 자신에게 대항했던 수많은 사람을 체포, 고문, 처형하였다.[84]

---

83   시오노 나나미, 은빛 피렌체, 한길사
84   G.F. 영, 메디치 가문 이야기, 현대지성

피티 궁전의 전경

코시모 1세는 잔인하고 냉혈한 독재자였지만 동시에 뛰어난 정치가이기도 했다. 그는 토스카나(피렌체를 수도로 하는 나라)를 메디치가의 전성시대였던 '위대한 로렌초'의 시대보다도 더욱 강대한 나라로 만들었다. 그리하여 그의 시대에 토스카나의 영토는 거의 2배 가까이 넓어졌다.

시뇨리아 광장에 있는 코시모 1세의 청동 기마상이 갑옷 차림인 것은 그가 피렌체 공작에 즉위한 후 토스카나 대공이 될 때까지 약 30년간 갑옷을 벗을 틈도 없이 줄곧 전쟁하면서 보냈기 때문이라고 한다.[85]

코시모 1세 초상, 우피치 미술관과 청동 기마상

---

85 시오노 나나미, 은빛 피렌체, 한길사

그러나 그의 업적은 단순히 영토를 넓힌 것에만 한정되지는 않는다. 그는 영토 확장과 더불어 국내의 산업 육성에 성공하여 토스카나를 이탈리아에서 가장 부강한 나라로 만들었다.

코시모 1세는 스무 살의 나이에 나폴리 총독 돈 페드로(신성 로마 제국 황제의 대리 통치자)의 딸과 정략결혼을 하고 메디치 궁전에서 신부를 맞아들였다가 얼마 후에 베키오 궁전으로 옮겼지만, 부부의 미래를 위한 새로운 궁전을 마련하려고 하였다. 결국, 결혼한 지 10년 만에 자신의 통치 기반이 확고히 다져졌다고 판단한 그는 새로운 궁전(피티 궁전)을 매입하였다. 이 궁전은 80년 전에 루카 피티에 의해서 착공되었으나, 그 가문은 그것을 완공할 만한 자금이 없었다. 이 궁전은 코시모 1세가 매입할 당시 현 건물의 작은 중앙부와 1층에 중앙부를 두르고 있는 세 개의 중앙 아치, 그리고 그 위에 난 일곱 개의 창으로만 구성되어 있었다. 1층 꼭대기까지만 건축되었고 아직 지붕은 덮이지 않은 상태였다. 코시모 1세는 건축가 아마나타를 고용해 공사를 재개토록 하였고, 결국 피티 궁전은 1553년 이후 토스카나 대공의 거처가 되었다.

이 궁전은 코시모 1세가 완공하였을 때 현재의 궁전 중에서 정면에 자리 잡은 비교적 작은 부분으로만 이루어졌으나, 코시모 2세(1590~1620)가 토스카나 대공이 되면서 이 궁전의 증축에 착수하여 규모를 전보다 세 배로 늘렸고 값진 물품으로 내부를 장식하면서 웅장하고 화려한 궁전이 되었다.

피티 궁전의 내부

그 후 다시 페르디난도 2세(1610~1670)가 증축을 하여 궁전 전면을 양쪽으로 연장하는 방식으로 두 개의 거대한 날개를 (2층 높이로) 덧붙였고 안뜰 두 곳에도 건물을 새로 지었다. 이러한 과정을 거쳐 이 궁전은 당대 유럽에서 가장 훌륭한 궁전이자 후기 르네상스의 대표 건축물 중의 하나가 되었다.

시뇨리아 광장에 한쪽 면을 대고서 르네상스 시대의 회화와 조각을 전시하고 있는 세계 최고의 르네상스 미술관인 **우피치 미술관**(Galleria degli Uffizi)이 있다. 우람하지만 화려하지는 않은 겉모습과는 대조적으로 안쪽은 온갖 예술품이 가득 차 있는 '르네상스의 보물 창고'이다. 1년 내내 관람객들로 붐비는 이곳은 관람 후에도 아쉬움을 가득 안고 발길을 돌리는 장소이기도 하다. 우리가 이곳에서 머물렀던 시간은 예술적 감흥에 휘말렸던 잊지 못할 추억이 되었다. 긴 복도를 따라서 끝없이 이어지던 전시실의 모든 곳이 소중한 기억으로 남았다. 피렌체에서 다시 찾고 싶은 장소를 들라고 하면 우피치 미술관이 아마도 첫 번째로 손꼽히는 곳이 될 듯하다.

1_3_9 우피치 미술관

피렌체 공작 코시모 1세는 피렌체의 각지에 분산되어 있던 정부의 여러 기관을 한 건물로 집결시켜서 업무의 효율성을 높이고 동시에 여러 기관을 시찰할 때 발생할 수 있는 피살의 위험으로부터 자신의 안전을 확보하려 하였다.[86] 코시모는 잔인하고 비열한 인간이었지만 피살당할까 봐 덜덜 떨고 살았던 겁쟁이기도 했다. 타인에게 악행을 많이 저질렀으니 보복을 당할까 봐 두려움에 떨었던 것은 너무도 당연한 시필거정이 아닌가. 어쨌든 바사리가 건축을 맡은 이 건물은 1561년에 착공되어 그의 사후인 1584년도에 완성되었다. 평면 ㄷ자형 3층 건물로서 좌우 양쪽은 좁고 길며 이들이 만나는 곳에는 반원 아치형의 출입구를 냈고 1층에는 외벽이 없이 둥근 기둥만을 세워서 마주보는 쪽이 보이도록 하였다. '우피치'라는 말은 원래 이곳이 토스카나의 정부청사로 쓰였던 것에서 기원하였다.

우피치 건물을 설계하고 공사한 바사리(Giorgio Vasari, 1511~1574)는 건축가이면서 동시에 화가이자 미술 평론가이기도 했다. 그는 〈미술가 열전〉이라는 명서의 저자로도 유명한데, 이 책 덕분에 최초의 예술사가로 인정받고 있다. 또한, 그는 '고딕'이라는 개념을 최초로 도입하였다. 고전의 예찬자였던 그는 중세의 예술 사조 중 하나인 '고딕'이라는 말을 낯설고, 야만적이며 혼란스럽다는 의미로 사용하였다.

이로써 '고딕'이라는 말이 서로마 제국 말기에 로마를 침략하고 약탈한 게르만계 야만족인 '고트족'에서 유래하였음을 알려주었다.

86　Die Medici - Paten der Renaissance (4/4) - Macht und Wahrheit, Phoenix HD

우피치 미술관 전경

　바사리는 아레초의 도공 집안에서 출생하여 어린 시절에 도자기와 유리
공예 교육을 받았다. 이후 몇몇 공방에서 예술적 지식을 넓히고 기술을 습
득하였다.[87] 그가 열여섯 살이 되던 해에 아버지가 세상을 떠났기 때문에 그
는 가장으로서 가족을 부양하기 위하여 성실하게 일했다. 16살에 처음으로
작품 의뢰를 받기 시작하여 몇 년 뒤에는 로마에서 활동하기도 하였고 20
살부터는 메디치가의 의뢰를 받기 시작하였다. 그가 아직 어린 시절이었던
1527년에 메디치가가 피렌체에서 추방될 때 발생한 소요에서 베키오 궁전
에서 날아온 의자가 베키오 궁전 앞에 있던 미켈란젤로의 〈다비드〉와 충돌
하여 다비드의 한쪽 팔이 떨어져 나가는 일이 발생하였다. 바사리는 이것을
목격하고는 달려나가서 그 팔을 수거하여 오랫동안 보관하였고 훗날 코시
모 1세에게 그것을 전달하였다. 이후 코시모 1세의 의뢰를 받아 이루어진 〈
다비드〉의 수선작업은 1543년에 완료되었고, 이 일을 계기로 코시모 1세의

87　Wikipedia, Giorgio Vasari

인기는 높아지게 되었다.[88] 그리고 바사리는 코시모 1세의 총애를 받게 되어 결국 궁정 화가가 되었다. 코시모 1세는 바사리의 도움을 받아 과거 메디치 궁전에 소장되어 있던 조상들이 수집한 예술품들을 수거하는 작업을 시작하였다. 메디치가 장자 계열이 소장하고 있던 예술품들은 1494년과 1527년에 메디치가가 피렌체에서 추방될 때 발생한 약탈로 인하여 파괴되거나 널리 흩어져 있었기 때문이다. 그중에서 아직 피렌체의 여러 가문이 보관하고 있었거나 은닉되어 있던 것들이 회수되어 새로 완성한 궁전(피티 궁전)을 장식하게 되었다. 동시에 그는 브론치노에게 의뢰하여 '조반니 디 비치'부터 시작하는 메디치가의 모든 구성원의 조상화를 그리게 하였고 결국 브론치노는 오랜 시간에 걸쳐서 이 작업을 완료하게 되었다. 이것들은 오늘날 우피치 미술관에 소장되어 있다.

1581년부터 코시모 1세의 후계자들이 이곳에 예술 작품들을 전시하면서 미술관으로서 기초가 다져지기 시작했다. 특히 코시모 1세의 아들 프란체스코 1세는 베키오 궁전에 가득했던 소장품들과 과거 메디치가의 궁전이나 저택에 보관하고 있던 미술품들을 대거 우피치 미술관으로 옮겼다. 오랫동안 메디치가에서 모은 미술품들이 1737년 피렌체에 기증되었고, 이후에도 수많은 작품이 더해지면서 세계적인 미술관으로 자리 잡게 되었다. 특히 르네상스 시대의 그림과 조각들이 가득한데, 메디치가의 소장품 중에서는 주로 회화가 전시되고 있다.

---

88   Die Medici – Paten der Renaissance (4/4) – Macht und Wahrheit, Phoenix

그 다음 우리는 우피치 미술관에 전시된 르네상스 시대에 피렌체에서 활동했던 천재 화가들의 작품들을 감상하기로 했다. 전시장을 가득 채울 만큼 수많은 작품 가운데 명작들만 골라서 관람하는 것은 미술 전공자가 아닌 우리에게는 벅찬 일이었다. 그러다 보니 아무래도 화가와 작품의 명성에 의존할 수밖에는 없었다.

우리는 제일 먼저 **보티첼리**의 〈비너스의 탄생〉과 〈봄〉으로 발걸음을 옮겼다. 조각에서 도나텔로가 인간의 나체를 조형하여 새 시대를 열었듯이 회화에서는 **보티첼리**(Sandro Botticelli, 1445~1510)가 인간의 나체를 그림으로써 르네상스 회화의 새로운 시대를 개막하였다.

피렌체의 노동자 집안에서 태어난 보티첼리는 어린 시절 학교생활에 적응하지 못해서 결국 금세공 교육을 받았다.

보티첼리

19살에는 당시 피렌체에서 최고의 명성을 누렸던 **리피**(Filippo Lippi 1406~1469)의 공방에 제자로 들어갔다. 보티첼리의 스승인 리피는 피렌체에서 푸줏간을 하던 사람의 자식으로 태어나 어렸을 적에 부모를 잃고 할머니 밑에서 자라 수도사가 된 인물이었다. 그는 밝고 쾌활한 성격이었으며 여자를 너무 좋아하였다. 그는 수도사의 신분으로 사랑하는 수녀와 함께 도피 행각을 벌이기도 하였다.

리피의 성모자와 두 명의 천사

본시 수도사와 수녀의 사랑은 허락될 수 없는 일이었으나 그의 후원자였던 '국부 코시모'의 도움으로 교회에서의 파문을 면하고 함께 살게 되었다. 물론 그 뒤에도 그는 '제 버릇 개 못 준다'라는 말처럼 다른 여자들을 끊임없이 따라다녔다. 화가로서의 리피는 대상을 정밀하게 데생하는 법과 원근법을 자유자재로 구사하는 데 필요한 공간지각능력을 습득하였으며 또한 인물을 표현하는 데에 있어 우아하고 아름다운 독자적 표현을 확립했다.[89] 르네상스 회화의 특징은 사실주의라고 할 수 있는데, 이는 원근법에 기초해 대상을 입체적이고 보다 생동감 있게 묘사하는 양식을 의미한다. 이런 면에서 리피는 사실주의 양식을 제대로 구현한 르네상스의 대표적인 화가였다.

리피의 제자인 보티첼리는 이른 나이에 두각을 드러내서 25세에는 자신의 독립적인 공방을 열었다. 그의 나이가 20~25세일 때 그는 '위대한 로렌초'의 아버지 피에로와 어머니 루크레치아의 극진한 총애를 받아서 메디치 궁전에 거주하면서 작품 활동에 전념했다. 보티첼리는 이들 부부에게 받은 사랑과 후원을 평생 소중한 추억으로 간직했다. 피에로의 아들 '위대한 로렌초'가 피렌체를 통치하던 시절에 보티첼리는 메디치가의 화가가 되어 적극적인 후원을 받았다. '위대한 로렌초'는 약 20년간 보티첼리에게 지속해서 작품의뢰를 했을 뿐만 아니라 정치적인 보호를 제공하여 작품 활동을 위한 이상적인 환경을 만들어주었다.[90] 덕분에 그는 피렌체 초기 르네상스를 대표하는 화가가 되었다.

---

89 스기마타 미호코, 르네상스의 거장들, 어젠다
90 Wikipedia, Sandro Botticelli

1494년 메디치가가 피렌체에서 추방되고 극도로 청빈한 삶을 살아야 한 다고 주장한 수도사 사보나롤라가 피렌체를 지배하게 되었다. 이로 인해 피 렌체는 갑자기 광신도적인 분위기에 휩싸였다. 이때 보티첼리는 사보나롤 라의 열정적인 제자가 되었다. 사보나롤라에 빠진 이후 그의 회화는 본질에 서 변하여 오직 종교적 동기를 가진 그림만을 그렸으며 이전에 그가 그린 나체화를 직접 불 속에 집어넣기도 하였다. 이로 인해 결국 그는 쪽박을 차 게 되고 말년에는 빈곤에 허덕이다 생을 마감하게 된다. 자기에게 맞지 않 는 길의 끝에는 빈곤밖에 없다는 것을 입증해 준 사례이다.

따라서 보티첼리가 1494년 이전에 그린 회화만이 진정으로 르네상스의 정신을 표현한 작품이라고 할 수 있다. 이 시대 보티첼리의 특징은 유난히 뛰어난 감수성에 힘입어 주변의 정신적 분위기를 남다르게 표현한다는 점 이다. 기법상으로는 아름다운 선 처리에서 칭송을 받는다. 그가 그린 선은 우아하고 세련된 영감을 전달하면서 작품의 비밀을 간직하고 있다. 보티첼 리의 대표 작품이고 르네상스의 정신을 가장 잘 표현한 두 그림은 〈**아프로 디테**〉(비너스의 탄생, 1485~1490)와 〈**프리마베라**〉(봄, 1478~1482)이다. 메디치 가의 개인적인 의뢰를 받아 제작된 두 그림에서는 성서의 이야기가 아닌 고 대의 신화가 테마로 선택되었고 나체와 반나체인 여성의 육체가 아름답게 표현되었다. 이와 함께 몸동작과 물결치듯 흔들리는 옷감이 생생하게 전달 되고 있다. 기독교에서는 나체를 드러내는 일을 추하고 부끄럽게 여겨 중세 시대에는 나체를 그린 회화는 존재하지 않았다. 보티첼리는 고대 이후 처 음으로 나체의 여인을 그렸다. 그에게 있어서 나체는 신이 창조한 순수하고 아름다운 모습이었다.

그리스 신화에 나오는 우라노스라는 신은 과도한 성욕으로 인해 아내인 대지의 여신 가이아를 끊임없이 임신시킨다. 결국, 가이아는 아들 크로노스를 시켜 아버지의 성기를 잘라 버리게 한다.

아프로디테(비너스, 사랑의 여신)는 바다에 떨어진 우라노스의 성기 주변에 생긴 거품 속에서 태어나 두 서풍의 신에 의해 조개껍데기 위에 실려 해변으로 떠밀려 온다. 그 옆에서는 한 여신이 꽃무늬가 그려진 망토로 황급히 아프로디테의 몸을 가리려 한다. 메디치 가문이 소장하고 있던 고대 그

아프로디테

리스 로마의 조각에서 영감을 받은 듯이 아름다운 여신의 몸은 늘씬하다.[91] 한쪽 손으로 가슴과 음부를 가린 부끄러움이 많은 아프로디테는 고대 그리스의 프락시텔레스가 완성한 조각상에서 차용된 이미지이다. 결정적인 부분을 가림으로써 자신의 정숙함을 과시하면서도, 한편으로는 감성을 자극하는 이런 스타일을 '정숙한 비너스'라고 부른다.

〈프리마베라〉에서는 두 마리의 뱀이 얽힌 지팡이를 들고 있는 제우스의 심부름꾼 헤르메스와 남성의 관능을 자극하는 반나체의 세 여성 그리고 화면의 가운데에 나오는 여성은 이번에는 옷을 제대로 입고 있는 아프로디테(비너스)이다. 오른쪽에 있는 두 명의 여인은 동일인으로 추정되는데 지중해에 봄의 따뜻한 기운을 불러들이는 서풍 신의 입김에 클로리스라 불리던 이 요정이 꽃의 여인 플로라로 변모한다는 것이다.[92]

프리마베라

91 로버트 램, 서양문화의 역사 II, 사군자
92 김영숙, 피렌체 예술 산책, 아트북스

상기한 두 그림에서 제시된 인물들은 몸을 흔들며 춤을 추고 물결 모양으로 무리를 지으면서 꽃과 나무, 바다, 모래, 풀과 서로 조화를 이룬다.

이를 통해 보티첼리는 기독교적인 세계관을 뛰어넘는 순수한 환상의 세계를 표현하였다. 그러나 다른 한편에서는 메디치가의 번영과 피렌체 황금의 시대를 화폭에 담았다는 정치적인 메시지로 해석하기도 한다.[93]

서양미술에 대해 전혀 몰랐던 어린 시절에 최초로 들어 본 서양화가의 이름은 **레오나르도 다빈치**였다. 그의 이름에 붙어 다니는 수식어 '천재 화가' 또는 '거장'이라는 단어를 들을 때마다 그에 대한 호기심이 생겨나고는 했다. 그러다가 우연히 그의 대표작이라고 하는 〈모나리자〉를 보았을 때 그것이 왜 명작인지 레오나르도가 왜 천재 화가인지 이해가 되지 않아서 고개를 갸우뚱하였다. 이왕이면 할리우드 여배우만큼 예쁜 여자를 그렸으면 좋았을 텐데 하는 생각을 했던 때는 할리우드 영화에 심취했던 청소년 시절이었다. 아마도 이 경험이 나에게는 서양 미술과의 첫 만남이었을 것이다.

레오나르도 다빈치(Leonardo da Vinci, 1452~1519)는 피렌체 근교의 빈치 마을에서 한 공증인의 사생아로 태어났다. 그의 어머니는 농부의 딸이었는데 어린 나이에 같은 마을의 귀족 출신 남자와 사랑에 깊이 빠져서 결국 레오나르도를 낳았다. 당시의 사회 풍조를 근거로 짐작하건대 아마도 신분의 차이 때문에 두 사람은 결혼하지 않은 듯하다. 그 시대의 결혼에서는 주로 사회적

---

93   Die Medici — Paten der Renaissance (2/4) — Lorenzo der Kunstmäzen, Phoenix HD

이나 경제적 동기가 중요시되었고 사랑은 부수적인 것이었다. 어쨌든 레오나르도는 아버지의 집에서 자랐고 그의 어머니를 다시 만났는지는 알려지지 않았다. 레오나르도는 어린 시절을 빈치 마을에서 보냈는데 그곳의 자연에 깊이 매료된 듯하다. 자연에 관한 관심과 호기심은 그의 전 생애를 관통하는 탐구심의 동력이었다.[94]

　왼손잡이였던 그는 이미 어린 시절에 천재성을 드러내었고 특히 회화에서 재능과 열정을 보였다. 피렌체에서 공증사무실을 운영하던 그의 아버지는 일찍이 그의 재능을 알아차리고 그가 16살이 되던 해에 당대 최고의 명성을 얻고 있던 피렌체의 베로키오(Andrea de Verrocchio, 1435~1488) 공방에 들어가도록 하였다. 레오나르도의 스승인 **베로키오**는 피렌체에서 벽돌 제작공의 아들로 태어나 어려서는 금세공 교육을 받았다. 그는 훗날 금세공에서 조각과 건축 분야로 눈을 돌려 많은 금속 작업에 관여했다. 피렌체 대성당의 돔 위에 놓인 정탑의 거대한 구리 공을 제작한 사람도 바로 그였다. 베로키오는 많은 조수를 두고 보석에서부터 거대한 청동상, 대리석상 그리고 기념비의 그림과 도안 등을 만들었다.[95] 그는 화가이자 조각가였지만 중점을 둔 분야는 조각이었다. 그의 조각은 우아하고 정밀한 처리와 강렬한 감정 표출을 자제하는 특징을 보였다. 그의 작품 〈다비드〉(1476)를 그의 스승인 도나텔로의 〈청동 다비드〉와 비교해보면 도나텔로의 작품이 이완과 절제의 특징을 보이지만 베로키오의 작품은 팽팽하고

94　Terra X Leonardo da Vinci Der Genie Code, ZDF

95　폴 존슨, 르네상스, 을유문화사

빈틈없으며, 심술 맞은 표정, 세밀한 동맥, 가는 팔꿈치, 목, 머리카락 등을 뚜렷이 묘사한 특징을 보인다. 베로키오의 〈다비드〉는 도나텔로의 작품에 대한 고의적인 도전으로 보인다.[96]

베로키오의 다비드, 바르첼로 미술관

---

96 피터 머레이, 린다 머레이, 르네상스의 미술, SIGONGART

어쨌든 레오나르도는 베로키오에게 배우기 위해 고향 빈치 마을을 떠나 당시 르네상스 전성기를 누리고 있던 유럽 최고의 근대 도시 피렌체에 입성 하여 예술가의 길을 걷게 되었다. 그는 몇 년 만에 스승인 베로키오로부터 그가 가르칠 수 있는 모든 것을 배웠고 스승을 뛰어넘는 천재성을 보였다.[97] 레오나르도와 그의 스승 베로키오 사이에 있었던 유명한 에피소드가 있다. 레오나르도가 베로키오의 그림 〈그리스도의 세례〉(1470)에 있는 왼편 천사 를 그렸을 때 이를 보고 놀란 베로키오는 두 번 다시 붓을 들지 않았다고 한 다. 이후 베로키오는 조각에만 전념했으며 결국 〈그리스도의 세례〉는 두 사 람의 작품이 되었다.[98]

그리스도의 세례

97 Leonardo da Vinci – Kunst und Wissenschaft des Universums DOKU Arte HD

98 피터 머레이, 린다 머레이, 르네상스의 미술, SIGONGART

그는 미남에다가 친절함과 사교성을 갖추어서 많은 사람에게 사랑을 받았지만 한 가지 목표에 집중하는 능력은 부족하였다. 그래서 그는 다방면에 걸쳐 수많은 미완성 작품을 남겼다. 게다가 그는 의뢰받은 작품을 완성하지 않아서 악명을 얻었다. 언젠가 레오나르도의 이야기를 들은 교황 레오 10세는 즉시 이렇게 말했다고 한다. "레오나르도라고? 아, 도무지 자기 일을 끝내지 않는 작자 말인가?"[99]

레오나르도
출처: 위키백과

레오나르도는 전성기의 르네상스를 대표하는 예술가로서 직업이 무엇인지가 명확하지 않을 만큼 여러 방면에 걸쳐 천재적인 재능을 보이고 활약했다. 우선 그는 천재 화가였고 과학자이자 발명가였으며 동시에 조각가이고 건축가였다. 그러나 학교 교육을 받지 않았기 때문에 그 시대의 학문과 독서를 위하여 반드시 필요했던 라틴어를 배우지 않았다. 그런 그가 세상과 자연, 그리고 눈앞에 있는 대상을 더 잘 알기 위해 선택한 방법은 관찰과 실험이었다. 그는 자신이 보고 듣고 느낄 수 있는 모든 대상을 자연에서 발견하고 그것들의 작동 원리를 밝혀내고자 하였다.[100] 그는 평생 어디를 가든지 두꺼운 노트를 들고 다니면서 자신이 관찰한 것을 기록하고 스케치하였다. 약 천 페이지

---

99 폴 존슨, 르네상스, 을유문화사

100 Ich Leonardo Da Vinci German Doku Arte HD

에 달하는 그 노트에는 사물에 대한 그의 의문과 발견이 꼼꼼히 적혀 있다.

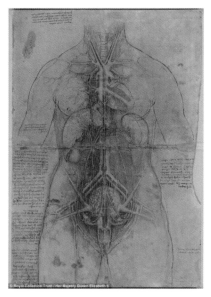

여성 인체해부도
출처 :위키백과

레오나르도는 삼라만상을 속속들이 파악하여 그것을 회화의 세계에 표현하려고 했던, 이른바 과학적으로 사고할 줄 아는 화가였다. 그에게 중요한 것은 작품을 완성하는 일이 아니라 자연의 원리를 밝히는 일이었다. 그것을 위해서 어떤 때는 회화가 적합하였고 또 다른 경우에는 인체 해부가 적절한 수단이었던 것이었다. 실제로 그는 사람의 사체를 해부하여 인체의 내부를 관찰하였으며 나아가서 인체 각 기관의 연결과 상호 작용을 연구하였다. 레오나르도는 수도원의 지하실에서 캄캄한 밤에 몇 시간 전에 죽은 사람의 사체를 대상으로 당시에는 금기시되었던 인체 해부를 하였다. 그가 나중에 고백한 바에 의하면 그는 30개가 넘는 시체를 해부했다고 한다. 그리고 이를 토대로 그 유명한 〈여성 인체 해부도〉(1509)를 그렸다. 그가 인체 해부도를 그린 것은 해부를 통해 알게 된 인체에 관한 지식을 잊지 않고 보관하기 위해서였다.[101]

101 Terra X Leonardo da Vinci Der Genie Code, ZDF

그는 인체가 자연의 이치를 보여 준다고 생각하였다. 예를 들면 인체에서 혈액의 흐름은 자연에서 물의 흐름과 같다는 것이다. 또한, 인체는 놀랍게도 잘 작동하는 기계와 같다는 확신을 하게 되었다. 그는 팔과 다리를 움직이는 근육의 원리를 파악하여 훗날 로봇 설계에 응용하기도 하였다.

그가 열정을 바친 또 다른 분야는 인간과 가축의 노동력을 절감시키는 기계의 발명에 있었다. 그의 연구는 대부분 구상과 설계의 단계에서 그치긴 했지만 그중 일부는 훗날 다른 과학자들에 의해서 발명품으로 실현되었다. 또한, 그는 비행기구의 설계에 몰두하기도 하였다. 그러나 그가 설계한 비행기구는 실제로 비행을 할 수 있는 기술적인 수준에는 도달하지 못하였다.[102] 결론적으로 레오나르도에게는 예술, 과학, 기술, 관찰 모두가 세상을 파악하기 위한 수단이라는 점에서 동일하며 새로운 지식을 얻기 위해서라면 영역을 초월해 끊임없이 탐구하는 자세를 유지하였다.

그는 피렌체의 통치자인 메디치가의 수장 '위대한 로렌초'와의 관계가 냉랭했기 때문에 그의 후원을 받지 못하였다. 그가 메디치가의 후원을 받지 못한 이유는 아직도 의견이 분분하다. 기본적으로 '위대한 로렌초'와 레오나르도의 예술적 취향이 달랐다는 설이 있다.[103] 또한, 당시 '위대한 로렌초'가 빠져있던 신플라톤주의에 레오나르도가 무관심했기 때문이라는 말도 있다.[104]

---

102 Dokumentation – Leonardo da Vinci, ZDF info
103 시오노 나나미, 르네상스를 만든 사람들, 한길사
104 A. 하우저, 문학과 예술의 사회사 근세 편, 창작과 비평사

그러나 가장 설득력 있는 가설은 레오나르도가 베로키오 공방에서 일하면서 동성애자로 고발된 치명적인 사건 때문이라는 것이다.[105] 당시는 동성애자로 판명되면 형벌을 받던 시절이었다. 다행히 그는 증거불충분으로 인하여 석방되었지만, 동성애자라는 낙인은 평생을 따라 다녔다. 당시 피렌체에는 그가 자신의 제자인 미소년을 사랑한다는 소문이 파다했었다.[106] 실제로 그는 평생 결혼을 하지 않았으며 여자에는 전혀 관심을 보이지 않았고 그와 친밀한 관계를 맺고 있던 사람은 모두 남자였다. 그래서 명백한 증거는 없지만, 그가 동성애자였다는 주장이 널리 받아들여지고 있다.[107]

레오나르도는 피렌체 근교의 농촌에서 태어났지만, 그의 생애는 언제나 새로운 곳을 찾아 떠나는 여행의 연속이었다. 그가 30살이 되던 해인 1482년에 그는 피렌체를 떠나 밀라노로 갔다. 레오나르도는 밀라노 공작 루도비코 스포르차 (Ludovico Sforza, 1452~1508)에게 후원을 받고 밀라노에 17년간 체류했는데, 이 기간 동안 그는 공작의 궁전에 머물면서 후한 대접을 받았다. 당시 이탈리아의 강대국 중의 하나인 밀라노의 전제 군주 루도비코 스포르차는 레오나르도가 설계한 신무기(현대의 탱크와 유사)에 큰 관심을 가져서 그를 중히 여겼다.[108] 그가 설계한 '레오나르도 탱크'는 무거운 몸집을 움직일 수 있는 동력을 얻을 수 없었기에 끝내 제작되지 못하였다. 증기 기관의 출현은 아직 요원한 시대였기 때문이다. 또한, 1495년에는 오늘날의

105 김영숙, 피렌체 예술 산책, 아트북스
106 Terra X Leonardo da Vinci Der Genie Code, ZDF
107 Ich Leonardo Da Vinci German Doku Arte HD
108 Terra X Leonardo da Vinci Der Genie Code, ZDF

로봇과 유사한 '철 기사'를 제작하여 스포르차 공작의 궁전에서 선보였는데 이 '레오나르도 로봇'은 13개의 롤러를 사용하여 걸으면서 어깨, 팔꿈치, 손목 등이 움직이도록 하였다.[109] 또한, 이 시기에 그는 스포르차의 의뢰를 받고 예수와 그의 제자들의 마지막 만찬을 묘사한 명작 〈최후의 만찬〉(1495~1498)을 완성하였다.

브라만테가 완성한 이후 현재 밀라노 '산타 마리아 델레 그라치에 수도원'의 식당 벽면에 걸려 있는 이 그림은 예수가 "너희 중의 하나가 나를 배반하리라"라고 예언했던 그 순간의 내면을 묘사하였다. 예수를 중심으로 양옆에는 경건한 표정을 한 11명의 사도를 배치하고 표정이 다른 유다만 따로 식탁 맞은편에 두었다.

최후의 만찬
출처 :위키백과

---

109   Die Renaissance (2/2)| HD | Arte | Doku

여기서 미심쩍다는 듯이 서로를 돌아보는 3명의 소그룹과 대조적으로 유다는 죄의식으로 뒤로 물러나면서 머리 위치 때문에 다른 인물들과 달리 혼자서만 얼굴에 그늘이 졌다. 이 그림의 제작 과정에서 발생한 에피소드가 있다. 이 수도원의 부원장은 레오나르도의 작업 속도가 너무 느린 것에 불만이 많았다. 레오나르도는 아침에 와서 반 시간 정도 그림을 바라보다가 붓질을 열두어 번쯤 하고는 돌아갔다. 부원장이 자신의 불만을 레오나르도에게 드러내자 레오나르도는 이렇게 받아쳤다. "내가 지금 유다처럼 사악한 인물의 얼굴을 형상화하는 데 큰 어려움을 겪고 있는데, 정말로 일을 서둘러야 한다면 부원장의 얼굴을 넣겠습니다."[110] 이후로 부원장은 다시는 레오나르도를 재촉하지 않게 되었다. 어쨌든 〈최후의 만찬〉은 뛰어난 작품이 되었고 덕분에 레오나르도는 당대 최고의 화가로 인정받았다.

그러나 1499년에 프랑스군의 침공으로 밀라노가 점령되고 스포르차 왕가는 무너졌다. 그는 밀라노를 떠나 당시 세계에서 가장 부유한 도시인 베네치아로 떠났다. 레오나르도는 터키 해군의 침공위협으로 공포에 떨고 있는 베네치아를 위해서 새로운 전술을 제시하였다. 그것은 터키 함대가 침공하면 그들을 해상에서 침몰시킬 수 있는 잠수 부대를 창설하는 것이었다. 이와 함께 그는 잠수 부대원들이 사용할 장비를 설계하였다(잠수복, 잠수 헬멧, 호흡 장비 등).[111] 1502년, 50세의 나이에 피렌체로 돌아온 그는 고향 사

110 피터 머레이, 린다 머레이, 르네상스의 미술, SIGONGART
111 Leonardo da Vinci – Kunst und Wissenschaft des Universums DOKU HD

람들에게 크게 환영을 받았고 최고의 명성을 얻었다. 이후 그는 로마에서 돌아온 미켈란젤로, 신예 천재 화가로 떠오른 라파엘로와 함께 피렌체 르네상스의 마지막 전성기를 이끌었다.

레오나르도는 1503년에 피렌체의 비단상인 지오콘도의 아내인 한 여성의 초상화를 그리기 시작하였는데, 이 그림이 바로 세계에서 가장 유명한 그림인 〈모나리자〉(1503~1506)이다. 그림 속의 여인은 절세의 미인이라기보다는 온화하면서도 신비로운 분위기를 풍기는 인물이다. 부드러운 채색, 촉촉한 눈, 세심하게 색조를 넣은 눈꺼풀과 입, 코가 상세히 묘사되었다. 특히 사라질 듯한 약간의 미소

모나리자
출처: 위키백과

와 창문 난간 밖으로 펼쳐지는 광활하고 어슴푸레한 풍경이 환상적이다.[112]

---

112 피터 머레이, 린다 머레이, 르네상스의 미술, SIGONGART

레오나르도 스스로는 이 작품을 완성품으로 여기지 않았기에 의뢰인에게 넘겨주지 않고 보유하고 있었다. 그래서 이 그림은 영원한 수수께끼가 되었다.[113] 어쨌든 〈모나리자〉는 화가로서 레오나르도의 천재성을 입증한 작품이 되었으며 레오나르도란 이름이 영원히 기억되도록 하였다.

1513년 메디치가 출신의 교황 레오 10세가 즉위한 후 레오나르도는 교황의 동생인 줄리아노 데 메디치의 초빙을 받고 로마에 왔다. 당시 로마는 피렌체를 제치고 르네상스 예술의 새로운 중심지로 떠올랐는데 미켈란젤로와 라파엘로가 교황 율리우스 2세의 초빙을 받고 레오나르도보다 몇 년 일찍 와서 활약하고 있었다. 레오나르도의 합류로 인하여 로마의 르네상스는 더욱 그 향기를 내뿜을 것으로 예상되었지만, 현실은 달랐다. 레오 10세는 미켈란젤로와 라파엘로에게 큰 관심을 보이고 후원한 것과는 대조적으로 레오나르도에게는 무척 냉담하였다. 아마도 메디치가와 레오나르도는 운명적으로 인연이 없었던 것 같았다. 그는 로마에서 화가로서의 활동은 전혀 하지 못했고 단지 기술자로서 역할을 조금 했을 뿐이었다. 로마에서 그는 좌절감으로 인한 병마에 시달리다가 결국 나이 64세에 프랑스 국왕 프랑수아 1세의 초빙을 받고 이탈리아를 떠나 프랑스로 갔다. 레오나르도를 사랑하고 또한 존경했던 프랑수아 1세는 남프랑스의 앙부아즈 교외에 있는 클루 성을 그에게 제공했고 생활비와 제작비용 등 모든 경제적 지원을 해 주었으면서 아무런 요구도 하지 않았다. 그러나 레오나르도는 이런 행운에도 불구하

---

113 Leonardo da Vinci - Kunst und Wissenschaft des Universums DOKU HDTV

고 3년 만에 67세의 나이로 그곳에서 죽었다. 그는 프랑수아 1세의 은혜에 보답하기 위하여 그가 가지고 다니던 작품 〈모나리자〉를 프랑수아 1세에게 양도하겠다는 유언을 남겼다.

　회화로서 그의 최고 작품인 〈모나리자〉는 그가 평생에 걸쳐서 완성하기 위해 어디를 가든 지니고 다녔다. 이 그림은 현재 파리의 루브르 미술관에 보존되어 있다. 또 다른 명작인 〈최후의 만찬〉은 밀라노의 '산타 마리아 델 레 그라치에 수도원'에 보존되어 있다. 피렌체의 우피치 미술관에는 레오나르도의 명작 〈수태고지〉(1472~1475)가 전시되어 있다.

수태고지

〈수태고지〉는 그가 피렌체에서 최초로 정식 화가가 되어 머물렀던 약 10년 동안에 완성한 작품으로서 그의 첫 번째 명작으로 꼽힌다. 천사가 성모에게 성령으로 잉태했음을 알리는 내용을 담고 있는 이 그림에서는 천사가 서 있는 곳은 신의 공간이라고 하여 신이 만든 자연 풍경을 배경으로 했고, 마리아는 인간의 손으로 지은 건축물 앞에 위치하도록 하였다. 원근법에 기초해 그린 그림이어서 멀리 있는 것들을 묘사할 때 배경을 희미하게 그렸다.[114] 이 그림에 나오는 천사는 15세기에 대부분 화가가 통상적으로 그린 천사의 날개 깃털과는 전혀 다르다. 이 천사의 날개는 레오나르도가 새를 상세히 관찰하여 묘사한 것이었다. 또한, 성모의 옷 주름은 상상으로 그린 것이 아니라 실제 의복을 보고 그린 것 같다. 요컨대 이 그림은 사실주의에 대한 열정과 자연에 대한 호기심 및 관찰이라고 하는 레오나르도 예술의 특징을 보여 주고 있다.[115]

이 세상에 미(美)와 천재적인 재능을 함께 갖추고 태어난 사람이 있을까? 경제학자 스미스와 케인즈는 천재적인 재능을 타고 났지만 아쉽게도 미(美)와는 거리가 멀었다. 그러나 예술 분야에서 그런 사람이 르네상스 시대에 있었으니 바로 **라파엘로**이다. 그는 미남에다가 천재 화가였고 게다가 좋은 인성을 타고 났다. 그러나 신의 질투가 있었던지 수명을 타고 나지는 못하였다.

---

114 김영숙, 피렌체 예술 산책, 아트북스
115 피터 머레이, 린다 머레이, 르네상스의 미술, SIGONGART

라파엘로(Raffaello Sanzio, 1483~1520)는 전성기 르네상스를 대표하는 천재 화가로서 레오나르도, 미켈란젤로와 더불어 르네상스의 3대 거장으로 꼽힌다. 우르비노에서 화가의 아들로 태어난 그는 어린 나이에 스승인 페루지오의 작업장에서 프레스코를 배웠다. 라파엘로는 천부적인 재능과 줄기찬 노력으로 이미 17세에 작품 의뢰를 받기 시작하였고 스승이었던 페루지오의 인기를 뛰어넘

라파엘로
출처: 위키백과

었다. 그가 피렌체에 체류했던 1504~1508년 동안에는 레오나르도, 미켈란젤로와 함께 피렌체에서 최고의 명성을 누렸다.

그는 미남이었을 뿐만 아니라 친절하고 겸손한 성격으로 많은 사람에게 사랑을 받았다. 단지 여자를 너무 좋아하는 것이 문제였는데 여색을 과도하게 탐하다가 37세에 요절하였다.[116] 그는 추기경의 조카딸과 오랫동안 약혼 상태에 있었지만, 결혼하지 않은 상태에서 죽었다. 사실 그는 로마의 한 제빵사의 딸인 포르나리나(Fornarina)라는 여성을 진심으로 사랑하였고 로마에서 죽을 때까지 계속 그녀와 함께 살았다. 그의 사망 원인에 대해서는 몇 가지 설이 있지만, 그의 복잡한 여자관계에서 기인한 성병과 이를 치료하기 위해 처방한 사혈의 후유증이라는 설이 널리 인정받고 있다.[117]

---

116 스기마타 미호코, 르네상스의 거장들, 어젠다

117 Wikipedia, Raffaello Sanzio

그는 생애에 화가로서 최고의 명성을 얻었고 특권을 누렸지만, 로마에서 성 베드로 성당의 공사 감독과 교황청의 고대 유물 발굴 단장을 하기도 하였다. 화가로서 라파엘로는 짧은 생애 동안 획기적인 작품들을 많이 완성하였다. 그는 꾸준히 작업하여 제시간에 의뢰받은 작품들을 완성해주었기 때문에 후원자들은 그를 신뢰하였고 최고의 화가로 평가하였다. 이런 면에서는 숱하게 미완성 작품을 남겼고 기일을 지키지 않아서 의뢰인들의 신뢰를 잃어버린 레오나르도의 경우와 대조된다.[118]

도요새와 함께 있는 성모

---

118 폴 존슨, 르네상스, 을유문화사

라파엘로는 평생 선배들의 예술에서 장점을 배우고 자기의 것과 융합하기 위해 노력하였다. 특히 레오나르도에게는 인체의 구조를 이해하는 법을, 그리고 미켈란젤로에게는 근육과 골격 구조의 중요성을 배웠다. 그는 훗날 로마에서 프레스코 대작 〈아테네의 학당〉을 완성하기는 했지만, 피렌체에서는 초상화나 성모상을 주로 그렸다. 이 시대 그의 작품 중의 하나인 〈도요새와 함께 있는 성모(1506)〉는 화면 전체의 조화와 성모의 표정을 통해 내면의 감정을 표현했다는 점에서 그가 레오나르도의 영향을 받았음을 알 수 있다.

피렌체 시절에 라파엘로는 화가로서 최초로 명성을 얻었고, 훗날 로마 시절에 그의 예술은 활짝 피어 전성기를 맞이하였다. 그의 작품에 관한 많은 이야기는 아마도 로마에서 하는 것이 나을 듯했다.

우리는 우피치 미술관에서 나와 걷고 있었지만 예술적 감흥은 쉽게 사라지지 않았다.

"성모 마리아의 그림이 유독 많은 것은 무슨 이유인가요?"

"중세 시대에 성모 마리아는 영혼과 육체가 순결하고 자비로운 마음씨를 가진 가장 이상적인 여인으로 받들어졌어. 또한, 보통 사람에게는 멀게 느껴지는 교회의 교리 체계 안에 인간미와 동정심을 끌어들인 역할을 성모 마리아가 했다고 할 수도 있고"

이번에는 내가 후배의 추리력을 테스트하고 싶었다. "중세 시대에 사람들이 성모 마리아와 정반대되는 이미지의 여자로 누구를 제일 먼저 꼽았을까?" 후배의 대답은 금방 나오지 않았고, 나는 힌트를 주고 싶었다. "성서에 나오는 여자이고, 남자를 유혹한 타락한 여자인데, 매우 유명해" 후배는 잠시 생각해보더니 자신이 별로 없는 목소리로 "이브 아닌가요?" "하하! 맞았어"

이브가 아담을 유혹하여 에덴동산에서 추방당했다는 이야기 역시 르네상스 시대의 회화에서 하나의 테마로 활용되었다.

아담의 갈빗대에서 이브가 나왔다고 하는 성서의 이야기를 사실로 받아들였던 중세 시대에는 남성에 대한 여성의 종속성이 고착되었으며 여성은 단지 생식의 수단으로 간주되었다.[119] 그러나 르네상스 시대에는 전통적인 사회적 편견을 뛰어 넘은 뛰어난 여성들이 많이 출현하였다. 이 시대의 많은 여성이 어린 시절부터 그리스어와 라틴어를 익혀서 시를 쓰고 고전을 공부했으며 국내외 현대 문학에 정통했고 예술과 과학에 대해 다양한 지식을 갖고 있었고 심지어는 말도 잘 타고 사냥에도 참여하였다. 많은 가문에서 소년과 소녀를 교육하는데 차이를 두지 않았다.

> "르네상스 시대 여성들은 그들의 지적인 역량과 정교한 문화와 세련된 취향으로 예술을 생활과 결속시켜 놓았다. 이들은 관대하고 친절한 동정과 지식으로 빛을 찾아 투쟁하고 있던 예술가들의 영혼들을 격려하고, 불멸의 작품들이 나오는 데 이바지했다. 과연 우리

---

119 로버트 램, 서양문화의 역사 II, 사군자

후손들이 우리 시대에도 그만한 여성들이 많았다고 말할지 걱정스럽다."[120]

르네상스 시대를 빛낸 뛰어난 여성으로 이사벨라(Isabella d'Este, 1474~1539)를 들 수 있다. 그녀는 페라라 공작의 딸로 태어난 총명하고 아름다운 여성이었는데, 어린 시절부터 고전 교육을 철저히 받았다. 16세에 출가하여 만토바 후작 곤차가의 부인이 되었고 남편이 사망한 뒤에는 아들의 섭정으로 만토바를 통치하였다. 결혼 후에도 끝없는 열정으로 공부에 매달려서 교양을 넓게 쌓았으며 르네상스의 여인 중 최고의 예술 후원자가 되었다. 이탈리아에서 최고로 손꼽

이사벨라
출처 : 위키백과

히던 그녀의 방들에는 고전 서적과 예술 작품이 빽빽이 소장되어 있었다.[121] 당시 만토바 궁전보다 더 세련된 사교계는 이탈리아 그 어디에도 없었다. 또한, 미술 애호가였던 그녀가 정선 하여 모아둔 수집품 목록은 그 어떤 예술 애호가라도 감동 없이는 읽지 못하였다.[122]

---

120 G.F. 영, 메디치 가문 이야기, 현대지성
121 폴 존슨, 르네상스, 을유문화사
122 야콥 부르크하르트, 이탈리아 르네상스의 문화, 한길사

르네상스 시대에 피렌체라고 하는 이탈리아의 한 도시에서 출현한 예술적 부흥은 참으로 대단하고 신비로웠다. 물론 특정 지역에서 어떤 시대에 인재들이 쏟아져 나오는 경우를 역사를 통해 종종 볼 수 있다. 대표적인 사례로서 고대 그리스의 아테네에서 소피스트라고 불리었던 철학자들이 대거 출현했던 시대가 있었고, 중국의 춘추전국 시대에는 제자백가라고 하는 수많은 사상가가 활개를 쳤었다. 르네상스 시대에 피렌체에서 뛰어난 예술가와 학자들이 우후죽순처럼 등장한 것도 이와 유사한 맥락에서 발생한 사건이었다. 그러나 어떤 정기를 받아서 그런 현상이 출현했는지는 여전히 수수께끼이다. 개인의 삶처럼 역사의 흐름도 신비가 아니던가.

어쨌든 우피치 미술관에서 받은 예술적 감흥은 작품의 세계를 뛰어넘어 예술가들의 삶에 대한 궁금증을 야기하기도 했다.

"르네상스 시대에 예술가들은 잘 살았나요?"

"물론 유럽의 다른 지역에 비하면 나았다고 할 수 있지만 15세기 중반까지는 대체로 빈곤했다고 할 수 있지. 예술가들은 주문자들로부터 작품 의뢰를 받아서 제작했는데, 주문자와의 계약 시에는 재료비용, 조수들의 급여 그리고 자신의 급여를 합산한 금액을 제시했어. 훗날 15세기 말부터 16세기 초에는 로마 교황청이 예술품의 거대 수요자로 자리매김하면서 피렌체의 수요자들과 경합하는 상황이 벌어졌고 이로 인해 예술가들의 몸값이 크게 올랐지. 그래서 이 시대에는 명망 있는 예술가들은 많은 돈을 벌었어. 물론 이로 인해 유명 예술가와 무명 예술가 사이의 몸값 차이가 엄청나게 벌어진 것도 사실이고"

르네상스 전성기의 천재 예술가들은 오늘날의 할리우드 스타들과 견줄만한 부와 명성을 얻었다고 한다. 그러나 할리우드에 수많은 무명의 단역 배우가 있듯이 르네상스 시대에도 수많은 무명 예술인이 존재하였다. 성공한 자에게 집중되는 스포트라이트와 그 뒤에 가려진 그늘 속의 슬픈 얼굴들은 그 시대의 또 다른 모습이었을 것이다. 삶이 허망한 것임에도 얻지 못한 자의 한(恨)은 가슴 깊은 곳에 쓰라린 상처로 남는다. 그러다가 임종이 임박했음을 느끼면서는 이렇게 말한다. "이토록 허망한 것이 한평생인 것을 왜 그토록 가슴 아프게 살았던가." 그래서 우리는 부처가 되지 못하고 중생으로 살다가 간다.

"그런데 천재 예술가라는 말은 언제부터 사용된 것이죠?"

"중세 시대에는 천재라는 개념 자체가 없었지. 절대자인 신이 창조한 피조물에게 천재라는 말은 적합하지 않았어. 인간에게는 창의성이 중요한 것이 아니라 신의 뜻에 복종하는 것이 무엇보다 중요했으니까. 그러나 르네상스 시대에 사람들은 인간 정신의 본질과 현실을 지배하는 인간 정신의 위대한 힘을 의식하게 되었지. 이와 함께 뛰어난 정신적 에너지와 개성을 발산하는 창조적인 인격을 소유한 예술가는 천재라고 불리면서 르네상스 사람들의 이상이 되었어."

천재가 되기 위해서는 타고난 재능보다 노력이 더 중요하다는 말은 현대에 들어서는 상식이 되어 버렸지만, 르네상스 시대에도 천재 예술가로 불렸던 사람들이 엄청난 노력을 했던 것은 사실이다. 예나 지금이나 그야말로 뼈를 깎는 노력이 없이는 천재가 될 수는 없는 법이다. 그래서 천재의 이야기를 들을 때는 가슴이 뭉클하다가도 막상 노력할 생각을 해보면 풀이 죽고 의기소침해지는 것이 우리네 범인들이 아니던가. 그들의 인생은 나의 것이 될 수 없다는 생각을 품고 뒤돌아서면서 우리는 스스로에게 이렇게 되뇌인다. "불행한 천재보다는 행복한 범인이 훨씬 낫다."

진정한 영웅에게는 비극성이 겸비되어 있다는 말을 들은 적이 있다. 영웅의 비극적인 종말은 그 인물의 삶을 더욱 극적으로 포장할 뿐만 아니라 아쉬운 여운을 남겨서 (마치 영화의 마지막 부분에서 주인공이 죽는 것처럼) 사람들의 마음속에 영원히 살아 있는 진정한 영웅을 창조한다. 고대 로마의 카이사르(시저)와 고대 중국의 항우는 이런 경우의 대표적인 사례였다. 더불어서 이 세상에는 천재의 비극성에 관한 이야기들이 있다. 천재는 단명한다느니 또는 불행하다느니 하는 말들이다. 피렌체 출신의 천재 과학자 **갈릴레오 갈릴레이**에게도 이 말은 적용될 수 있을 것 같았다.

우리는 서구 근대 과학의 토대를 마련한 그의 자취를 보기 위해 **갈릴레오 박물관**(Museo Galileo)으로 향했다. 구시가지의 아르노강 근처에 있는 크지는 않지만 깨끗한 석조 건물로서 견학 온 어린 학생들로 붐비는 곳이다. 천문학과 물리학에 관련된 관측 및 실험 기구와 모형 및 서적 등이 전시되어있으며 꼼꼼한 설명도 곁들여져 있다.

1_3_10 갈릴레오 박물관

르네상스 시대에 분출된 자연 과학적 탐구심은 고대 그리스의 자연 철학에 뿌리를 두고 있다. 아리스토텔레스와 플라톤이 갈릴레이에게 심오한 영감의 원천이 되었다는 사실로도 고대의 유산은 인정되고 있다.[123] 특히 아리스토텔레스는 이성에만 의존하지 않고 사물을 직접 탐구하면서 지식을 쌓아나갔다. 예를 들면 동물을 절개하여 해부학을 연구했을 뿐만 아니라 구조에 따라서 식물을 분류하기도 하는 등 뛰어난 과학 정신을 보였다.[124] 갈릴레이의 과학적 탐구심은 아리스토텔레스의 영향을 받은 것으로 보인다.

갈릴레오 박물관과 갈릴레이 초상, 우피치 미술관

---

123   시어도어 래브, 르네상스의 마지막 날들, 르네상스
124   로버트 램, 서양문화의 역사 II, 사군자

갈릴레오 갈릴레이(Galileo Galilei, 1564~1641)는 피렌체의 몰락한 귀족 집안에서 태어났다. 그의 아버지는 생계를 위해 모직물 상인을 하기는 했지만, 기본적으로는 음악가이자 수학자와 물리학자였다. 갈릴레이는 어린 시절에 수도원에서 예비 수도자로서 교육을 받았지만 1581년 그의 나이 17세에 피사 대학에서 의학 공부를 시작하였다. 그러나 4년 후에 의학 공부를 때려치우고 피렌체로 와서 수학자 오스틸리오 리치(Ostilio Ricci)에게서 수학을 배웠다.

이후 그는 가정교사로 생계를 유지하면서 응용수학, 역학, 수력학 등의 연구에 집중하였다. 몇 년 후에 그는 중력에 관한 첫 번째 연구 성과를 발표하였고 비중 측정을 위한 비중계의 구조 문제를 해결하였다.

갈릴레이는 피렌체에서 공개적인 강연을 통해 명성을 얻어 결국 1589년에 피사 대학의 수학 교수로 임용되었다. 이 시절에 그는 여러 기구를 개발했으며 진자 운동을 연구하여 진자시계의 구조에 관한 구상을 제시하기도 하였다. 그밖에도 낙하 실험을 통해 가속도를 발견하고 측정하였다. 피사의 사탑에서 한 낙하 실험은 유명한 이야기가 되었다. 그러나 갈릴레이 자신의 저술에서는 피사의 사탑에서 행한 낙하 실험에 관한 이야기는 전혀 나오지 않는다.[125]

그는 1592년에 피사를 떠나 파도바대학의 교수로 부임한 후 그곳에서 18년을 지냈다. 이 시기에 그는 마침내 코페르니쿠스가 주장했던 지동설, 즉

---

125 Wikipedia, Galileo Galilei

"지구가 태양의 주위를 돈다"는 선언을 공식적으로 지지하였다. 중세의 우주관은 지구중심설(천동설)로서 지구가 우주의 중심이며 달, 태양 및 행성들은 지구 주위를 돈다는 것이었다. 그러나 르네상스 시대에 폴란드의 천문학자인 코페르니쿠스(Nicolaus Copernicus, 1473~1543)는 태양 중심의 체계를 주장하면서 중세의 우주관을 부정하였다. 코페르니쿠스의 지동설은 훗날 갈릴레이의 지지를 받으면서 영향력이 많이 증가하였다.

박물관의 전시품

갈릴레이는 나아가 천체 망원경을 사용하여 하늘을 관찰함으로써 인간의 시력에만 의존했던 천체 관측에 종말을 고하고 천문학의 새로운 시대를 열었다. 그는 직접 새로운 렌즈를 고안해 기존의 망원경의 성능을 10배로 향상시켰고 이것을 사용하여 달의 표면을 관찰하였는데, 달의 표면은 평평하지 않고 산과 계곡이 있는 지구의 표면과 유사하다는 것을 알게 되었다. 그밖에도 목성의 위성과 태양의 흑점도 발견하였다. 또한, 그는 이 새로운 망원경을 군사적인 용도로 베네치아에 판매하여 돈을 벌기도 하였다.[126]

1610년에 갈릴레이는 이전에 자신의 제자였던 토스카나 대공 코시모 2세의 초빙을 받고 궁정 학자로서 피렌체로 돌아왔다. 이때 그는 파도바에서 오랜 세월 동거하며 3명의 자녀를 낳은 마리나 감바 (Marina Gamba)와 결별했다. 그의 두 딸은 수녀원에 맡겨졌다. 사생아로 태어난 여자에게 정상적인 결혼 생활을 기대하기 어려웠던 시절이었기 때문이다. 그리고 갈릴레이의 아들은 그의 어머니(감바)가 다른 남자와 결혼한 후에 피렌체에 있는 갈릴레이에게 보내졌다.[127] 그리운 고향 피렌체로 돌아가기 위해 갈릴레이는 오랫동안 메디치가에 로비하였다. 코시모 2세에게 자주 편지를 하고 자신이 만든 망원경을 보내기도 하였다. 때로는 잔꾀를 동원하기도 했다. 당시 토스카나 대공 코시모 2세에게는 4명의 형제가 있었는데, 그는 자신이 발견한 목성의 4개 위성에 각각 이들의 이름을 붙여준 것이었다.[128]

126 Geschichte Dokumentarfilm – Galileo Galilei Der Kampf um die Sterne Deutsche

127 Wikipedia, Galileo Galilei

128 Geschichte Dokumentarfilm – Galileo Galilei Der Kampf um die Sterne Deutsche

갈릴레이는 때로는 거만하기도 했지만, 종종 시류에 편승하는 사람이기도 하였다. 하지만 학문적으로는 성실하고 정직하였다.

이후 갈릴레이는 천문학 연구를 계속하여 지구와 태양 사이에 금성이 있음을 밝혔으며, 1611년에 로마를 방문하여 영광스럽게도 'Accademia dei Lincei(유럽 최초의 자연과학 진흥을 위한 연구협회)'의 회원으로 임명되었다. 갈릴레이는 천문학자로 유명하지만, 그가 이룬 최고의 학문적 업적은 바로 물리학의 '운동' 분야였다. 그의 연구 성과는 훗날 뉴턴에게 전해져서 근대 물리학이 출현하게 되었다.

그러나 노년의 갈릴레이에게 불행이 몰려왔다. 그는 1616년 로마를 방문하여 교황청을 상대로 자신이 믿는 코페르니쿠스의 지동설을 인정하도록 설득했지만 결국 실패하였다. 로마 교황청의 추기경이 그에게 보낸 편지에는 지동설을 하나의 가설로 논의할 수는 있지만, 이를 정설이라 주장하는 것은 허용할 수 없다는 경고가 담겨 있었다. 1633년에 결국 그는 1616년의 경고를 무시하고 지동설을 지지하고 퍼트린 죄목으로 종교재판소의 판결에 따라 가택 연금 처벌을 받았고 그의 저서는 금서가 되었다. 불운은 원래 홀로 오지 않는다고 했던가. 사생아로 태어나 어린 나이에 수녀원으로 보내졌지만, 수녀가 되어서도 오랫동안 그를 보살펴 주었던 딸이 건강 악화로 인해 먼저 세상을 떠난 것이다. 게다가 그는 지병인 눈병을 앓다가 1638년 그의 나이 74세에 완전히 실명하고 말았다. 그가 눈병에 걸린 이유에 대해서는 여러가지 설이 있다. 일설에 의하면 태양을 너무 오래 쳐다봐서 요샛말로 하면

자외선 과다 노출에 의한 녹내장 같은 병일 것으로 추정된다. 다른 설에 의하면 그의 일가에게서 나타나는 유전병이라고 한다. 그는 자신의 남은 생을 아르체트리에 있는 산장에서 연금된 채로 쓸쓸하고 불행하게 보냈다.[129]

종교재판장을 들락날락했던 갈릴레이는 무신론자가 아니라 신의 뜻을 우리 인간은 실험과 논리로서 파악할 수 있다고 생각하였다. 만약에 성서와 과학이 일치하지 않는다면 그것은 사람들이 성서를 잘못 해석했기 때문이라고 주장하였다. 어쨌든 그가 남긴 "신앙과 이성은 충돌하면 안 된다"라는 말은 훗날 교황들도 언급했던 명언이 되었다.[130]

르네상스 시대 피렌체에서 활짝 핀 새로운 정신은 갈릴레이 시대에 들어서는 뛰어난 과학적 진보를 이루었다. 그래서 피렌체는 훗날 세계를 지배하게 된 근대 서구 과학기술문명의 요람이 되었다.

피렌체 출신의 또 다른 천재도 불행하게 삶을 마쳤다.
그는 마키아벨리(Niccolo Machiavelli, 1469~1527)로 흔히 근대정치학의 아버지로 불린다. 그는 피렌체 근교에 살던 명망은 있지만 빈곤한 집안에서 출생했다. 그의 아버지는 변호사이기는 했지만, 직업적으로 성공하지 못해 늘 가난했다. 빈곤한 살림에도 불구하고 아버지는 집안에 작은 도서관을 만들어서 자식들이 인문학 공부를 할 수 있게 해주었다. 마키아벨리는 어린 시

---

129 Wikipedia, Galileo Galilei

130 Geschichte Dokumentarfilm – Galileo Galilei Der Kampf um die Sterne Deutsche

절부터 고전을 배우며 성장하였다.[131]

마키아벨리는 메디치가가 추방될 무렵
에(1484) 공직에 진출하였고 사보나롤라
가 화형당한 1498년부터 메디치가의 복귀
가 이루어진 1512년까지 피렌체 공화국에
서 외교와 국방을 담당하는 고위 공직자
로 활약하였다. 그는 뛰어난 두뇌를 소유
한 정치가와 외교관이었으며 또한 메디치
가의 야욕으로부터 피렌체 공화국을 지키
려고 했던 애국자였다.

마키아벨리
출처: 위키백과

1512년에 메디치가의 조반니 데 메디치(훗날의 교황 레오 10세)는 피렌체
를 무력으로 되찾기 위해 교황 율리우스 2세가 제공한 군대를 이끌고 쳐들
어왔다. 이에 맞서 마키아벨리는 그와 싸우기 위해 수천 명의 시민군을 징
집하여 무장시키고 전장으로 나갔다. 그러나 시민군은 교황청 군대에 패전
하였고 결국 잔인하게 학살되었다.[132] 이후 메디치가의 복귀와 함께 그의 삶
은 나락으로 추락하였다. 그는 반메디치 인물로 낙인찍히고 공직에서 쫓겨
났다. 이후 메디치 암살 모의에 휘말려 체포되었고 감옥으로 끌려가서 고문
을 당했다. 이에 굴하지 않고 끝까지 결백을 주장한 그는 가까스로 풀려난

---

131 Wikipedia, Niccolo Machiavelli

132 Die Medici – Paten der Renaissance (3/4) – Die Päpste der Medici, Phoenix HD

뒤 피렌체 근교의 작은 농장에 은거하였다.

이후 그는 정치적 재기를 위해 메디치가의 신임을 얻고자 했다. 그의 저서 〈군주론〉의 맨 앞에 씌어 있는 당시 피렌체를 통치하던 로렌초 데 메디치(Lorenzo de Medici)에게 올리는 글은 이렇게 끝을 맺는다.

> "그러므로 저의 뜻을 헤아리시어 이 작은 선물을 받아주십시오. 이것을 꼼꼼히 읽고 깊이 성찰하신다면 운명과 전하의 능력에 의해 위대한 과업이 성취되기를 바라는 저의 뜨거운 열망을 발견하실 수 있을 것입니다. 그리하여 전하께서 계신 그 높은 자리에서 낮은 곳을 바라보실 때, 그곳에 잔혹하고 연속된 불운으로 인해 부당하게 고통을 겪고 있는 제가 있다는 걸 알아차리시게 될 것입니다."[133]

당대의 지성이 썼다고는 참으로 믿어지지 않을 만큼 자존심을 모두 버리고 자비를 구걸하는 처량한 모습이었다. 그러나 메디치가의 반응은 냉랭했다. 메디치가에 있어 그는 '가까이하기엔 너무 먼 당신'이었다. 결국, 마키아벨리는 자신의 시골 별장에 은거하여 집필에 전념하다가 생을 마쳤다. 정치판에서 받은 상처는 은거나 유배를 거치면서 학문으로 치료되고 결국 대학자가 탄생하는 경우가 종종 발견된다. 피렌체의 마키아벨리와 조선의 정약용은 이런 경우의 대표적인 사례에 해당한다. 물론 강진에서 18년간 유배

133　니콜로 마키아벨리, 군주론, 돋을새김

생활을 한 정약용은 마키아벨리보다 훨씬 더 비극적이었다. 명나라의 왕양명도 벽지에서 유배 생활을 하면서 양명학을 완성했다. 유배는 정치에는 독이지만 학문에는 약이 된다.

　정치학자이면서 역사가이기도 했던 마키아벨리는 로마 공화정을 이상적인 정치체제라고 언급하면서 고대의 모범을 따르는 신념과 행동을 주장하여 르네상스의 대열에 합류하였다.[134] 동시에 그는 정치를 윤리가 아닌 현실에 기반을 두고 있는 것으로서 바라보았다. 그래서 '목적이 수단을 정당화한다'라고 생각하였다. 즉 정치적으로 좋은 목적을 실현하기 위해서는 윤리적이지 못한 권모술수도 사용해야 한다는 것이다. 하지만 그는 윤리성을 너무 무시해서 당대 이탈리아 최고의 악당 체사레 보르자를 이상적인 군주의 모델이라고 생각했던 어이없는 사람이기도 했다. 게다가 불운했던 삶만큼이나 그가 본 인간의 속성은 어두웠다.

> "일반적으로 인간에겐 다음과 같은 특성이 있다고 여겨지기 때문입니다. 즉, 은혜를 모르며 변덕스럽고 위선적이며 비겁하고 탐욕스럽기 때문에 군주가 자신들에게 은혜를 베푸는 동안만큼은 온갖 충성을 다 바칩니다."[135]

134　시어도어 래브, 르네상스의 마지막 날들, 르네상스
135　니콜로 마키아벨리, 군주론, 돌을새김

그의 이야기를 들을 때면 인간이란 어떤 존재인가를 다시 생각해보게 된다. 그는 뛰어난 두뇌의 소유자답게 인간성의 특정 부분들을 정확히 보았다. 그가 지적한 일반적인 인간의 속성은 아마도 정치적 동물로서의 인간의 속성일 것이다. 사람은 마음으로 보고 마음으로 듣는다. 그의 마음이 정치에 기울어져 있기에 인간의 속성도 그 방면으로 기울어져서 관찰한 것이리라. 반면에 자선 행위에 몰두해있는 인간의 속성은 이와는 완전히 다르다. 인간이란 참으로 복잡하고 다면적인 동물이다. 그래서 '천 길 물속은 알아도 한 길 사람 속은 모른다'라는 말이 나온 것은 아닐까. 한시도 쉬지 않고 작동하는 것이 사람의 마음이고 그래서 인간은 어쩔 수 없는 변덕쟁이다. 하지만 그렇기에 마음이 바뀌어서 새로운 인간이 될 가능성이 존재하기도 하고, 새로운 정신이 출현하여 세상을 바꿀 수도 있다.

피렌체 공화국에서 공직에 있던 1502년에 마키아벨리는 레오나르도 다빈치와 만났다. 그는 당시 피렌체에서 로마냐로 파견된 외교사절로 이몰라에 있었는데 성채 설계를 위해 이곳으로 온 레오나르도 다빈치와 만났다. 그해 긴 겨울 동안 레오나르도, 마키아벨리 그리고 체사레 보르자는 많은 대화를 나누었다. 마키아벨리는 이후에도 레오나르도와 우호적인 관계를 유지했다.[136] 비록 분야는 달랐지만, 메디치가와 척을 진 피렌체 출신의 두 천재는 동병상련의 삶을 살았다. 의탁할 곳이 없었던 그들의 삶은 그들을 진정한 천재로 만들었다.

---

136 위키백과, 니콜로 마키아벨리

불행했던 천재들의 슬픈 이야기로 무거워진 마음을 전환하기 위해 우리는 조금 색다른 경험을 하기로 했다. 그곳은 피렌체의 또 다른 명물인 **베키오 다리**였다. 아르노강을 건너는 여러 개의 다리 중에서 가장 특이한 형태를 가진 데다가 흥미로운 사연들도 많아 이 다리 위는 언제나 관광객들로 붐빈다. 다리보다 상가로서 더욱 돋보이는 묘한 장소이다.

베키오 다리 전경

1_3_11 베키오 다리

　베키오 다리(Ponte Vecchio)는 피렌체에서 가장 오래된 다리인데, 폰테 베키오(Ponte Vecchio)는 이탈리아 말로 '오래된 다리'라는 뜻이다. 원래 이 자리에는 로마 시대에 지어진 나무다리가 있었는데, 홍수로 휩쓸려가자 가디(Taddeo Gaddi, 1290~1366)가 맡아서 새로 건설하여 1345년에 완성하였다. 베키오 다리는 아르노강의 가장 좁은 곳에 건설되었으며 반원보다 완만한 활꼴 모양의 아치들로 이루어졌다. 로마식 반원 아치교보다 적은 수의 기둥으로 만들 수 있으므로 배가 다니는 데 장애가 적고 홍수 때 물의 흐름이 더욱 원활하다.

이 다리에서 바라보는 아르노강의 풍경이 아름다운 데다가, 단테와 베아트리체가 만난 곳으로 알려졌기 때문에 낭만적인 장소로 유명하다. 게다가 피렌체 최고의 보석상 밀집 지역으로 명성을 날리고 있다.

그러나 놀랍게도 베키오 다리는 원래 낭만과는 거리가 아주 먼 장소였었다. 이전의 베키오 다리 위에는 많은 정육점이 들어서 있었다. 그 시대에는 동물을 산 채로 도시로 들여와 도살한 당일에 고기를 팔았다. 고기가 사후 경직이 시작되기 전이니 연했을 것이다. 겨울에도 많은 동물을 잘 먹여서 필요할 때마다 도살했기 때문에 돈 있는 사람은 1년 내내 신선한 고기를 풍성하게 먹을 수가 있었다.[137] 그래서 늘 북적대는 다리 위에서는 고기의 악취가 풍겼고 그래서 행인들은 코를 막고 빨리 지나가야만 했다.

그런데 어느 날 이 악취의 다리가 낭만의 다리로 변신을 하게 된 사건이 발생하였다. 1565년에 피렌체 공작 코시모 1세는 자신의 장남 프란체스코를 신성 로마 제국의 황제 막시밀리안의 누이인 요안나와 결혼시키는 데 성공한다.

이 결혼은 메디치가의 명예를 크게 끌어 올린 최고로 격상된 혼인이었지만 막상 당사자들은 이 결혼에 불만이 많았다. 프란체스코는 결혼 전에 아름다운 베네치아의 여성 비앙카 카펠로를 뜨겁게 사랑하였다. 그녀와는 대조적인 여성이었던 이 합스부르크의 공주는 외모가 볼품없었을 뿐만 아니

---

137 질리언 라일리, 미식의 역사, 푸른 지식

라 성격도 무뚝뚝하였다. 게다가 그녀는 이 결혼이 황가의 공주인 자신의 품위를 떨어트렸다고 생각하고 있었다. 당연히 두 사람의 결혼 생활은 순탄하게 흘러갈 수가 없었다. 코시모 1세는 며느리의 위신을 세워주기 위해서 백방의 노력을 하였다. 그중의 하나는 자신이 이전에 살았던 베키오 궁전을 아들 부부의 거처로 넘겨주었고 바사리에게 의뢰하여 아름답게 장식하도록 했다. 그 외에도 그는 자신의 궁전과 아들 부부가 살게 된 베키오 궁전을 엄폐된 긴 복도를 만들어서 연결하였다. 이 공사 역시 바사리가 맡았고 그는 800m나 되는 유명한 파사지오(Passagio, 통로)를 건설하였다. 베키오 궁전에서 시작하여 혼잡한 도심을 뚫고 지나 우피치 관공서(훗날의 우피치 미술관)를 거쳐 베키오 다리 위의 상점들을 지나 피티 궁전과 연결되었다. 그때까지 베키오 다리에는 정육점들이 늘어서 있었는데 코시모는 파사지오를 만들자마자 그들에게 철시를 명령하고 피렌체의 모든 보석상에게 이 구역을 차지하라고 지시했다. 이때부터 이곳은 보석 상가 구역이 되었다.[138]

---

138 G.F. 영, 메디치 가문 이야기, 현대 지성

베키오 다리 위

피렌체를 떠나며

학교에서 세계사를 배울 때 중세 유럽은 촌락이 중심을 이룬 세상이라는 이야기를 흔히 들었다. 물론 11세기 이전의 유럽에서 도시는 손가락으로 꼽을 수 있을 만큼 드물었다. 그러다가 13세기 말에 이르면 그동안 누적된 인구 증가와 상업의 번창으로 도시가 크게 발전하게 된다. 그럼에도 불구하고 알프스 이북에서 가장 큰 도시였던 파리의 인구가 13세기 말에 겨우 20만 명 정도에 불과했다.[139] 알프스 이북의 국가들에서 사람들이 여전히 촌락에서 생활하는 동안 이탈리아에서는 거대한 변화가 발생했다. 십자군 전쟁이 발생한 후로 이탈리아 내 상공업이 번창하면서 도시가 빨리 발전하게 된 것이었다. 유럽의 다른 나라들에서는 귀족들이 자신들의 영지가 있는 촌락에서 생활하였지만, 이탈리아에서는 귀족들이 도시에서 생활하게 되었고 그로 인해 도시는 귀족과 상공업자가 함께 거주하는 공간이 되었다. 도시의 생활은 농촌과 달리 변화가 빠르고 유행의 물결이 빈번하고 또한 지적인 소

---

139 시어도어 래브, 르네상스의 마지막 날들, 르네상스

양이 필요하지 않은가. 그러다 보니 르네상스라는 새로운 정신이 이탈리아의 도시에서 가장 먼저 출현하게 되었다.

　예나 지금이나 도시인은 세련되고 농촌인은 촌스러운 것임에는 동서양이 매 한 가지이다. 당대 이탈리아에서 가장 세련된 삶을 누리는 사람들은 피렌체에 있었다. 그들은 공화국을 세웠고 사업을 합리적으로 경영했으며 나아가서 문학, 건축, 조각, 회화 그리고 의복에까지 변화의 문을 활짝 열고 새 시대의 주인공이 되었다. 그래서 그들은 '최초의 근대인'이라는 칭호를 얻었다.

　피렌체의 르네상스 탐방을 마치며 이 도시에서의 마지막 날을 기념하기 위해 구시가지 거리의 카페에서 맥주잔을 앞에 두고 앉았다. 연일 계속되는 강행군으로 피곤하고 다리가 뻐근했지만, 덕분에 시가지의 대부분을 둘러보면서 르네상스의 기운을 체험하였다. 피렌체라는 도시는 한 마디로 르네상스의 박물관이라고 해도 좋을 듯하였다.

거리의 카페에서

옛 모습이 그대로 남아있는 거리를 지나면서 우리가 르네상스 시대를 살아가는 듯한 착각이 생기기도 하였다. 그리고 실제보다 오랫동안 이 도시에 머물렀던 것처럼 느껴지는 것은 그만큼 감회가 크기 때문이었다. 이미 유럽의 많은 도시를 여행했던 후배는 피렌체가 가장 기억에 남는 도시가 될 것 같다고 하였다. 그것이 바로 르네상스라고 하는 문명이 분출하는 매력 때문이 아닐까.

"피렌체의 르네상스 거장들은 공통으로 어떤 특성을 가진 사람들일까요?"

"글쎄, 독자적인 정신을 가진 개성이 강한 사람들이 아닐까. 중세를 지배했던 기독교적 세계관을 단순히 받아들이지 못한 사람들이니까. 그들은 스스로의 능력과 방식으로 이 세상을 관찰하고 사고하며 파악하려 했지. 그리고 자신들이 원했던 방식으로 세상과 인간을 표현하였으니까. 그런 사람들은 흔히 선구자라고 불리지."

그러고 보니 피렌체는 참으로 많은 선구자를 배출한 도시였다. 혹시 그것이 풍수지리 때문은 아닐까 하는 어이없는 생각을 하다가 속으로 웃고 말았다. 물론 이탈리아의 사회적 분위기는 동시대 서유럽의 다른 지역과 분명히 달랐다. 서유럽의 다른 지역 사람들이 아직도 종족에 묶여 있었던 13세기 말에 이탈리아는 이미 개성적인 인물들로 넘쳐나기 시작하였다. 그리고 14세기의 이탈리아에서는 어느 누구도 남 앞에서 돋보이는 것, 남과 다른 것을 꺼리지 않았고 또 그렇게 보이고자 했다. 피렌체 공화국에서는 특히 정치적 혼란이 개인주의와 개성을 키우는 토양이 되었다. 권력투쟁에서 패배한 당파의 사람들은 추방을 당해 고향을 떠나게 되었고, 망명 생활의 고통 속에서 그들의 정신세계는 성장했다. 그들의 의식 속에서는 세계 시민주의가 커지고 이와 동반하여 개인주의는 절정에 이르게 되었다. 일찍이 단테가 망명 생활 중에 "세계가 내 고향"이라고 말했던 사연이 여기에 있었다.[140] 그들은 입을 모아서 이렇게 말하고 있었다.

이 세상에서 고유한 존재인 나는 어디서 살든 내 생각과 의지대로 살아간다.

맥주잔을 비우면서 고기와 신선한 채소 샐러드를 안주 삼아 먹다 보니 음식 이야기가 떠올랐다. 많은 사람들이 샐러드는 전통적인 서양의 음식이라고 생각한다. 그러나 사실인즉슨 중세 유럽에서는 생과일이나 생채소는 찬 성질을 가진 식품이라 건강에 좋지 않다고 여겨 귀족이나 부유한 사람들은 먹지 않았고 투박한 시골 사람들이나 먹는 음식이었다. 그러다가 르네상스 시대인 1500년경에 만토바 후작 부인 이사벨라 데스테는 페라라에 살고 있던 남동생에게 보낸 편지에서 양배추를 키워서 샐러드를 만들어 먹는 방법을 설명하면서 양배추 씨를 보냈다. 이후 그의 친지들로부터 시작된 샐러드 열풍은 전국으로 퍼져서 더 이상 낯선 음식이 아니라 친근한 음식으로 변모하였고 1세기 후에는 사냥연회의 주요 음식이 되었다. 또한, 오늘날 별미로 널리 알려진 토스카나 생선 수프도 르네상스 시대에 출현하였다. 토스카나 지방에서 잡은 가자미, 도미, 농어 등의 생선에 마늘과 매운 고추를 듬뿍 넣

---

140 야콥 부르크하르트, 이탈리아 르네상스의 문화, 한길사

고 적포도주로 요리해서 빵이나 토스트와 함께 먹는 음식이다. 그밖에도 르네상스 시대에 차, 커피, 코코아 같은 새로운 음료가 유럽으로 유입되었고, 이것들을 보관하거나 담아내는 그릇도 함께 발전했다. 이 시대에 음식을 준비하거나 먹기 위해 사용되는 용품과 의식은 음식을 즐기는 과정의 일부가 되었다.[141] 르네상스라는 새바람은 식생활 분야에서도 변화를 몰고 온 것이었다.

> "르네상스 시대에 평범한 사람들의 삶에서는 어떤 변화가 있었나요?"
>
> "카드 게임이 대중들 사이에서 유행하였고, 보통 사람들도 1인용 의자에 앉기 시작했어. 또한, 기계식 시계가 도시 생활의 일반적인 특징이 되었고, 격렬한 스포츠가 오락이 되기도 하였지. 참, 여성들이 양산을 쓰기 시작한 것도 이때부터였고."

---

141 질리언 라일리. 미식의 역사. 푸른 지식

르네상스 시대에 대중들의 지적 생활에 가장 큰 영향을 미친 것으로서 독일의 구텐베르크(Johannes Gutenberg, 1398~1468)가 1440년대에 발명한 금속 활자를 들 수 있다. 1450년에 구텐베르크는 라틴어 성경을 인쇄하기 시작하여 1455년에 완성하였다. 〈구텐베르크 성경〉이라고 불리는 이 성경은 세계 최초의 인쇄 서적이다. 금속 활자와 인쇄기의 출현으로 인쇄업이 급속히 성장하게 되었다. 이탈리아는 처음으로 인쇄업에 뛰어든 것은 아니지만 종이 제작 산업과 목판 인쇄술의 경험을 토대로 인쇄업에 뛰어들어 주도권을 쥐게 되었다.[142] 결국, 이전에는 필사본을 구해 볼 수 있었던 소수의 사람만이 누렸던 배움의 기회가 새로운 인쇄술의 출현으로 보다 많은 이들에게 제공되었고, 지식과 정보는 폭발적인 속도로 퍼져 나갔다.[143]

구텐베르크 성경
출처: 위키백과

---

142 폴 존슨, 르네상스, 을유문화사

143 로버트 램, 서양문화의 역사 II, 사군자

1500년경 이후로 르네상스의 중심지는 피렌체에서 로마로 이동하였다. 여러가지 이유가 있었겠지만 가장 결정적인 원인은 메디치가의 몰락이었다. 1492년에 '위대한 로렌초'가 사망했고 그로부터 2년 뒤에는 메디치 은행이 파산했으며 설상가상으로 1494년에 메디치가는 피렌체에서 추방되었다. 메디치가가 몰락하면서 그 집안의 후원을 받고 있던 예술가들은 교황의 부름을 받고 로마로 떠나게 된다.[144] 이는 르네상스 학문과 예술의 최고 스폰서가 메디치가에서 로마 교황으로 바뀐 것을 의미했다. 그밖에도 15세기 말에 피렌체의 직물업은 영국과 벨기에 등에 밀려 위기를 맞이하게 되었고, 이로 인해 피렌체에서 르네상스를 끌고 갈 경제적인 동력이 약화 되었다.

어쨌든 르네상스의 성화는 피렌체를 떠나서 서구 문명의 고향이자 영원의 도시인 로마로 봉송되었다. 그 성화의 대표 주자인 미켈란젤로와 라파엘로의 예술은 로마에서 찬란한 꽃을 피웠으며 두 사람 모두 로마에서 생을 마쳤다. 미켈란젤로가 처음 로마를 향해 길을 나섰을 때 그는 막 20살을 넘긴 혈기왕성한 그러나 무명의 예술가였다. 그러나 그가 두 번째로 이 길을 나섰을 때는 30살이 넘은 장년이었고 또한 로마 교황의 초빙을 받은 유명 예술가였다. 동일한 길 위를 가는 동일한 미켈란젤로라는 두 사람, 명성을 얻지 못한 예술가와 명성을 얻은 예술가는 어떤 생각을 했을까? 로마로 향하는 두 마음은 어떻게 달랐을까? 반면에 라파엘로는 피렌체에서 이미 명성을 얻었고 20대 중반의 나이에 로마 교황의 초빙을 받고 이 길을 지나갔다. 예술가로서 너무나 평탄했고 또한 화려했던 그의 삶은 아쉽게도 로마에서

---

144 시오노 나나미, 르네상스를 만든 사람들, 한길사

짧은 생애를 마쳤다. 봄날 벚꽃처럼 화려하게 피었다가 지고 말았다. 어쨌든 두 거장에게 있어서 로마는 자신들의 예술 세계를 완성하고 르네상스를 그 정점에 도달하게 한 곳이었다. 또한, 그들은 로마에서 많은 돈을 벌어들이기도 했다. 라파엘로는 부자가 되어 귀족 같은 생활을 하였으며, 미켈란젤로는 소박하게 살기는 했지만 큰 재산가가 되었다.[145] 단지 그 시대 또 한 명의 거장이었던 레오나르도에게 있어 로마는 단지 거쳐 가는 곳이었을 뿐이다. 그는 로마에서 약 3년간 머물렀지만, 작품 의뢰를 받지 못해 허송세월하였고 좌절감에 시달리다가 프랑스 국왕 프랑수아 1세의 초청을 받고 프랑스로 갔다. 레오나르도에게는 '역마살'이 끼었던 것일까? 수많은 분야를 자유롭게 넘나들던 그에게 공간적 이동은 어쩌면 너무도 자연스러운 일이었는지도 모른다. 인연 따라서 오고 가는 것이 세상의 이치가 아니던가. 어쨌든 레오나르도에게는 프랑스가 마지막 인연의 땅이었다.

레오나르도와 미켈란젤로 두 거장은 모두 피렌체 근교에서 출생해서 전성기 르네상스 시대에 함께 활동했기 때문에(레오나르도가 23살 연상) 두 사람을 비교하는 이야기가 많은 것이 사실이다. 실제로 두 사람은 서로를 라이벌로 인식했다고도 한다. 어떤 학자는 "레오나르도는 유능한 사람이지만 미켈란젤로는 천재이다"라는 말을 하기도 했다. 이 말이 나온 이유인즉슨 레오나르도의 작품은 그의 경험과 지식에 기반을 두었기에 유능하다고 한 것이고, 반면에 미켈란젤로의 작품은 초자연적인 어떤 힘에 영감을 받아 탄생했다는 것이다. 그가 천재가 될 수 있었던 이유는 고독 속에서 인생의 고

---

145 A. 하우저, 문학과 예술의 사회사 근세 편, 창작과 비평사

뇌를 감내하고 이를 예술로 승화시켰기 때문이라고 한다.[146] 고독은 고통이기도 하지만 동시에 정신적 에너지의 충전소이기도 하다. 〈토지〉의 작가 박경리 선생도 집필을 위해 스스로 고독한 삶을 택했다. 강원도 산골에서 홀로 살다가 가신 법정 스님은 "사람은 홀로 있어야 안으로 여문다"라는 말씀을 남겼다. 예술가나 수도승이 아닐지라도 때때로 삶을 돌아보며 인생의 의미를 묻기 위해서 고독이 필요하지는 않을까. 그래서 홀로 있는 시간은 고통스러운 순간이 아니라 소중한 시간이다.

르네상스를 찾아 떠나는 우리의 발걸음도 로마로 향하고 있었다. 시대를 앞서간 거장들과는 달리 우리는 그저 열차를 타고 가고 있을 뿐이었다. 창밖으로 보이는 토스카나의 평야는 한적해서 아름다웠다. 멀리 있는 산 위의 성곽은 중세 유럽의 풍경을 보여 주는 듯하였다. 그 옛날 르네상스 시대의 거장들은 이 길을 마차를 타고 갔을 것이다. 비록 500여 년의 시차가 있고 교통수단이 달랐어도 새로운 체험을 앞두고 느끼게 되는 설렘은 매한가지가 아닐까. 영원의 도시로 달려가는 우리의 마음은 이미 고대 로마로 빠져들고 있었다.

---

146 주남철, 이태리 르네상스 건축사, 고려대학교 출판부

피렌체에서 로마로 가는 길

    어린 시절에 보았던 할리우드 영화 〈쿼바디스〉의 장면들이 스쳐 지나갔다. 네로 황제, 아름다운 여주인공, 콜로세움 등은 수십 년간 내 머릿속에 새겨져 있던 로마의 모습이었다. 단지 지금 우리는 고대 로마가 아닌 르네상스 로마를 찾아가고 있을 뿐이었다. 이런 점에서 1763년 가을에 고대 로마를 찾아온 기번(Edward Gibbon)과는 매우 달랐다.

내가 처음 이 영원한 도시에 들어섰을 때
벅찬 감격이 치밀어 올라왔으며,
나는 며칠 동안 얼떨떨한 도취상태에서 헤매고 나서야
냉정함을 되찾을 수 있었다.[1]

— 에드워드 기번

---

1 에드워드 기번, 로마 제국쇠망사, 동서문화사

로마 제국의 자취

전설에 의하면 늑대의 젖을 먹고 성장한 두 명의 쌍둥이 형제 레무스와 로물루스가 물이 바다로 흘러 들어가는 테베레강 유역에 형성된 두 개의 언덕에 새로운 도시를 건설하였고 (BC 753년) 그 이름을 로마로 하였다고 한다.

몽테스키외에 의하면 역사적으로 로마만큼 부단한 정복을 통해 권력과 번영을 지속해서 늘려간 나라는 없었다.[2] 로마 군단의 뛰어난 전투력은 철저한 훈련과 엄격한 군율, 강한 정신력과 용기, 우수한 군비 및 훌륭한 지휘 등에 기인했다고 알려져 있다. 이와 함께 병참 부문에서의 발전도 중요한 역할을 하였다. 일례로 병사들의 야전 식사로 소시지가 제공되어 행군하는 군대는 영양이 풍부한 소시지를 손에 들고 다니며 손쉽게 먹을 수 있어서 전투력을 향상시켰다고 한다.[3] 로마 제국의 전성기였던 하드리아누스 황제

---

2 샤를 드 몽테스키외, 로마의 성공, 로마 제국의 실패, 사이
3 질리언 라일리, 미식의 역사, 푸른 지식

테베레강의 전경

(재위 117~138) 시절에 상비군은 30개 군단에 총병력은 대략 37만 명에 이르렀다.[4]

유럽, 중동 및 북아프리카에 이르는 거대한 영토에 대략 6천만이라는(고대 시대로는) 엄청난 인구를[5] 보유한 로마 제국의 수도 로마는 이미 2세기에 인류 역사상 최초로 인구가 1백만이 넘는 도시가 되었다. 그곳에서는 전 세계에서 온 사람들과 물자가 뒤섞여서 살아가는 복합적 문명이 출현했다. 제국의 내해가 되어 버린 지중해로는 셀 수 없이 많은 선박이 물자를 운반했으며 정점에 오른 제국의 권력으로 평화의 시대(Pax Romana)를 열기도 했었다. 로마 제국은 신전, 원형경기장, 공중목욕탕, 쇼핑센터 같은 거대한 건축물을 비롯해 상하수도와 포장된 도로 같이 뛰어난 인프라를 구축할 정도로

4   에드워드 기번, 로마 제국쇠망사, 동서문화사
5   고대 중국의 진시황 시대에 중국의 인구가 대략 5천만으로 추정된다

경이로운 능력을 보유한 사회였다. 특히 7만 명의 관객을 수용할 수 있었던 수도 로마의 콜로세움과 거대한 교량 형태의 수도교는 로마 건축술의 정수를 보여 주었다.

콜로세움(Colosseum)은 베스파시아누스 황제(재위 69~79)의 지시로 72년에 착공되어 그의 사후인 80년에 완성된 로마 제국에서 가장 큰 원형경기장이자 종합공연장이었다. 네로 황제의 황금 궁전 내 정원이 있던 자리에 세워졌는데, 완성 당시 건물의 높이는 대략 50m로서 당시 제국에서 가장 높았을 뿐만 아니라 동시에 제국의 부와 기술을 상징하는 건물이었다.

한편 콜로세움은 로마인의 잔인성을 상징하는 건물이기도 했다. 약 400년의 세월 동안 수만 명의 검투사가 죽은 곳이기 때문이다.[6] 경기장의 입장료는 무료였는데 사회적 신분에 따라, 즉 황제 일가, 원로원의원, 귀족, 남성 자유인, 여성 자유인과 노예로 자리가 구분되어 있었다. 오늘날까지도 세계의 모든 경기장은 콜로세움의 구조를 기본 형태로 하고 있다. 그래서 콜로세움은 모든 경기장의 어머니라고 할 수 있다.[7] 콜로세움의 내부는 이제 많이 허물어졌지만 지금도 기본적인 구조와 형태는 알 수 있을 정도이다. 특히 경기장 밑에 위치한 검투사들의 대기실은 잔혹했던 고대 로마 사회의 한 면을 보여주고 있다.

---

6   Kampf um Rom - Imperium Folge 1, Phoenix HD

7   Das Kolosseum - Arena der Gladiatoren [Doku], ZDF Info

콜로세움의 외부와 내부

또한, 로마 제국의 모든 주요 도시마다 건설된 수도교는 도시에서 떨어져 있는 수원지의 깨끗한 물을 풍족하게 도시인에게 공급하는 시설이었다. 때때로 수도교를 통해 로마 시내로 유입된 물이 콜로세움으로 공급되어 해상 전투 장면이 공연되기도 하였다.[8]

오늘날에도 남프랑스의 님에 남아 있는 로마의 수도교는 50m 높이에 3층으로 이루어진 건축물로서 수로에 경사를 주기 위하여 1km당 정확하게 24cm의 높이 차이가 나도록 설계되었다. 수원지에서 출발한 물은 약 50km의 거리를 24~30시간 동안 흘러서 도시에 도달하였다.[9]

님 수도교
출처: 위키백과

8 Rom – Die Entstehung eines Weltreichs Teil 1, History
9 Das Erbe des Römischen Reiches – Doku 2018, 3 Sat

로마가 자랑하는 또 다른 인프라는 제국의 북서쪽 끝에서 남동쪽 끝까지 연결된 총 길이 약 9만km의 도로였다.[10] 그 도로의 중심에는 수도 로마가 위치해 있었는데, 바로 여기에서 '모든 길은 로마로 통한다'라는 말이 나왔다. 도로의 구조는 자갈, 모래, 콘크리트를 3층으로 깐 뒤 그 위에 넓적한 돌을 깔아 놓은 형태였다.

도시 사이를 가급적 직선으로 연결하기 위하여 산이 있으면 터널을 뚫고, 강이 있으면 다리를 놓았다.[11] 도로 덕분에 제국에서 군대 이동과 물자 교역, 소식 전달이 용이하게 수행될 수 있었다.

포로 로마노 (Foro Romano)는 로마의 공화정 시절부터 정치와 종교 그리고 상업의 중심지 역할을 하던 광장이었다. 로마가 대제국으로 성장함에 따라서 더 큰 새로운 광장이 필요해졌고 이를 위한 새로운 프로젝트는 트라야누스 황제(재위 98~117)에 의해 실행되었다. 트라야누스는 스페인 출신의 야심만만한 황제로서 정복 사업을 통하여 로마 제국의 영토를 최대로 넓혔다. 또한, 그는 건축에 대한 야망이 컸던 사람으로 로마의 중심부에 위치한 옛 광장의 옆에 트라야누스 광장을 건설하고 거대한 도서관, 신전, 쇼핑센터, 의사당, 법원 등을 신축하였다. 트라야누스 광장의 건설에는 약 1만 명의 노예가 동원되어 112년에 완공되었다.[12]

---

10 Kampf um Rom – Imperium Folge 1, Phoenix HD

11 에드워드 기번, 로마 제국쇠망사, 동서문화사

12 Rom – Die Entstehung eines Weltreichs Teil 2, History

콜로세움에서 가까운 곳에 있는 포로 로마노는 2천 년이 지난 오늘날에도 로마 제국의 영화와 무상한 세상사를 피부로 느낄 수 있는 대단한 유적지로 로마 구시가지의 명물이다. 2천 년 세월의 온갖 풍상 속에서 많이 허물어졌지만 찬란했던 로마 문명의 흔적을 발견할 수 있는 소중한 유산으로 남아 있다.

포로 로마노

반면에 번영하던 제국의 뒷면에는 전체인구의 1/3을 차지한 노예들이 있었다. 그들은 짐승 같은 취급을 받으며 혹독한 노동에 시달려야 했다. 노예 노동으로 부를 축적한 귀족과 부자들이 과도한 사치와 향락을 누렸던 반면 대다수의 빈민들은 일용할 양식을 걱정해야 했던 모순된 사회였다. 또한, 원형경기장에서 수많은 사람이 죽어 나가는 광경을 즐기며 환호했던 잔인한 사회이기도 했다. 제국의 수도 로마에서는 온갖 새로운 유행이 출현하여 제국의 다른 지역으로 퍼져 나갔지만 동시에 로마는 별의별 범죄가 판치는 범죄의 수도이기도 하였다. 부자들의 저택이 날로 커지고 화려해지는 반면에 도시의 인구 증가로 인하여 주택 가격과 임대료가 오르면서 결국 가난한 사람들은 좁은 공간에 밀집되어 불결하게 살고 있었다.[13] 불의와 불평등은 로마 제국 번영의 빛과 동반한 그림자였다.

홍망성쇠라고 하지 않는가. 제국의 비정상적인 팽창은 스스로 쇠망의 요인을 창조하고 증가시켰다.[14] 세월이 흐르면서 제국을 받치고 있던 기둥들이 하나둘씩 제거되자 대제국이라는 엄청난 건축물은 자신의 무게를 감당하지 못하고 스스로 무너져 버렸다. 흔히 말하듯이 로마 제국은 야만족의 침략 때문에 무너진 것이 아니었다.

"로마 제국은 외부의 적에 의해서 무너진 것이 아니라 내부의 문제들로 인하여 스스로 붕괴한 것이다."[15]

---

13 Terra XXL — Vergessene Metropolen — Rom [HDTV DOKU], ZDF
14 샤를 드 몽테스키외, 로마의 성공, 로마 제국의 실패, 사이
15 안드로 몬타넬리, 로마 제국사

기번에 의하면 제국의 번영은 그 자체로 제국의 생명력 및 정신력 그리고 애국심을 갉아먹었고 그래서 로마 제국은 내부에서부터 해체되었다. 야만족의 침략은 이미 쓰러져가는 건물을 마지막으로 한 번 더 미는 것에 불과하였다.[16] 로마 제국은 어느 날 갑자기 붕괴한 것이 아니고 점차로 몰락하였다. 쇠락한 제국의 광대한 영토로 게르만계 야만족들이 물밀 듯이 침입해 들어와서 혼란을 야기하고 땅을 계속해서 차지하였다. 로마 제국은 공식적으로 395년에 동서로 분열하였고, 이로부터 서로마 제국은 100년도 지나지 않아서 멸망하였다. 410년에 고트족, 그리고 455년에 반달족이 로마에 대규모 약탈을 자행해 이미 해체 과정을 겪고 있던 서로마 제국을 뿌리째 흔들었고 혼란 속에서 서로마 제국은 끝내 종말을 고하였다.

서로마 제국은 476년에 공식적으로 멸망하였지만 그렇다고 그 문명까지 사라진 것은 아니었다. 서로마 제국을 차지한 게르만계 야만족들은 로마인의 문화를 흡수하여 점차 로마인에 동화되어 갔다. 모든 야만족이 로마인이 되려고 했지만, 야만족이 되고 싶었던 로마인은 없었다. 그것이 바로 문명의 힘이 아닌가. 칼로 나라를 얻을 수는 있지만 문명을 만들 수는 없다. 어쨌든 로마인이 만든 인프라, 문자(알파벳) 그리고 법체계는 서구 문명의 기둥이 되었다.

---

16 에드워드 기번, 로마 제국쇠망사, 동서문화사

반달족의 로마 약탈
출처: 위키백과

하기아 소피아 성당
출처 : 위키백과

　한편 콘스탄티노플을 수도로 한 동로마 제국은 살아남았다. 서로마 제국의 붕괴를 강 건너 불 보듯 했던 동로마 제국은 자신을 고대 로마 제국의 계승자로 내세우며 이후 약 천 년의 세월을 동방의 제국(비잔틴 제국)으로 존립하였고 고전 문명의 보고로 남아 있었다.

　비잔틴 제국은 유럽과 아시아의 접경 지역으로 많은 문명이 오가는 '문명의 십자로'에 있었다. 이렇게 여러 민족이나 국가와 경쟁하면서 비잔틴 제국이 천 년의 세월 동안 존립했던 것은 역사의 기적으로 평가될 수 있다.[17]

17　이노우에 고이치, 살아남은 로마, 비잔틴 제국, 다른 세상

그러나 영원한 것은 없는 법. 비잔틴 제국은 1453년 오스만 튀르크의 콘스탄티노플 함락과 함께 멸망하였다. 그러나 그들이 품고 있던 고전 문명의 유산은 사라지지 않고 이탈리아로 옮겨져서 르네상스의 불을 지폈다.

　서로마 제국의 멸망을 기점으로 하는 서구의 중세는 기독교와 교회가 지배했던 시대였다. 중세 전기에 태양처럼 빛났던 교황청의 권세는 십자군 전쟁 이후로 점차 쇠락하다가 종교 개혁과 함께 급속히 저물어 갔다. 그러나 로마 교황청은 르네상스가 로마에서 찬란한 꽃을 피울 수 있었던 기름진 토양이었다. 피렌체의 메디치가처럼 교황청은 르네상스의 주된 후원자가 되어 로마를 르네상스의 중심지로 만들었다. 이제 우리들의 로마 르네상스 이야기는 교황청에서 출발하는 것이 옳을 것 같다.

교황청 이야기

멸망한 서로마 제국이 중세 서구 사회에 물려준 최고의 문화적 유산은 바로 기독교였고 이로 인해 서유럽의 중세문명에 정체성을 제공한 것은 바로 교회였다.

팔레스타인 지역에서 출현한 기독교는 점차 로마 제국의 대부분 지역으로 전파되었다. 특히 오늘날 터키 영토인 소아시아 지역은 초기 기독교의 중심지가 되었고 거기서 교리상의 결정적인 발전이 이루어졌다. 대표적으로 아나톨리아 고원 한가운데에 있는 카파도키아의 기암 동굴에서 기독교인들은 함께 거주하며 신앙과 교리를 발전시켰다.

초기의 기독교 공동체는 유대교인으로만 구성되었지만, 점차 유대인이 아닌 이방인에게도 문호가 개방되었다. 종족과 상관없이 모든 인간이 기독교인이 될 수 있고 기독교 공동체의 일원이 될 수 있다는 교리가 만들어지

카파도키아
출처 : 위키백과

면서 기독교는 세계적인 종교로 발전할 수 있는 결정적인 전기를 맞이하게 되었다. 기독교인들은 다른 사람들에게 자신의 믿음을 전파하였고, 이런 방식으로 기독교는 점차 로마 제국 전역으로 퍼져 나갔다.

본시 로마 제국은 종교적으로 관대한 사회였지만 64년 경 대규모 화재가 발생하자 당시 집권하고 있던 네로 황제가 기독교인들에게 방화죄를 뒤집어씌우면서 정치적 탄압이 시작되었다. 그러나 기독교는 정치적 탄압 속에서도 계속 퍼져나갔다. 기독교인들은 로마 제국의 박해를 피해 흔히 카타콤 (Catacomb) 이라고 불리는 지하 묘지에 숨어서 예배하였다. 카타콤에 그려져 있는 벽화에는 예수와 그의 제자들의 행적이 묘사되어 있다.

기독교는 부패하고 타락한 로마 사회에서 새로운 정신적 기둥으로 자리 잡으면서 급속히 퍼져나갔다. 박해받던 시절이었던 3세기 말에 기독교 신앙을 가진 사람은 이미 로마 제국 전체인구의 10%를 넘었다.[18]

토인비는 기독교가 정신문화가 피폐한 로마 사회에 도덕성을 제공하면서 새로운 문화 창조의 기수가 되었다고 평한 바 있다.[19]

카타콤
출처: 위키백과

'신 앞에서는 만인이 평등하고, 핍박받는 자는 해방되어야 하고, 약한 자는 도움을 받아야 한다'라는 초기 기독교의 혁명적인 복음은 불의와 불평등이 가득한 로마 사회에서 하나의 신선한 바람이었다.[20]

313년에 콘스탄티누스 대제(재위 306~337)의 밀라노 칙령에 따라 기독교는 마침내 신앙의 자유를 얻었고, 나아가서 392년에는 테오도시우스 황제에 의해 국교로 제정되었다. 콘스탄티누스 대제가 기독교를 공인하게 된 사건

---

18 Das Christentum 2 - Fesseln der Mach, Geschichte Welt
19 아놀드 토인비, 역사의 연구 I, 흥신문화사
20 Das Vermächtnis der ersten Christen - DOKU, 3 Sat

과 관련해서 전설적인 이야기가 있다. 때는 312년 10월 27일 서부 로마에서 경쟁자였던 두 명의 황제(당시 로마 제국은 4분할 통치가 이루어져서 서부 로마와 동부 로마에 각각 2명의 황제가 있었다) 콘스탄티누스와 막센티우스의 군대는 로마로부터 북쪽으로 20km 정도 떨어진 지역에서 대치하고 있었다. 이때 콘스탄티누스는 "이 표지로써 승리하리라"라고 쓰여 있는 불타는 십자가를 하늘에서 보았고, 같

콘스탄티누스대제
출처 : 위키백과

은 날 밤에 잠을 자는 동안 어떤 목소리가 그의 귀에 속삭이면서 군대의 방패에 십자가를 그려 넣도록 권하였다. 다음날 새벽에 콘스탄티누스는 명령을 내려 군기 대신에 예수를 상징하는 문자들과 십자가가 그려진 로마 제국의 군기를 사용하도록 명령했다고 한다.[21] 결국, 콘스탄티누스가 이 전쟁에서 승리하면서 기독교는 로마 제국에서 공인되었다. 그는 자신의 성공이 기독교 덕분이라고 생각했던 것 같다. 그리고 나아가서 심각하게 분열된 로마 사회를 기독교가 하나로 묶어 주는 역할을 할 수 있다는 기대를 한 듯하다.[22]

콘스탄티누스는 275년에 발칸반도 지금의 세르비아에서 귀족 출신 로마군 장교의 자식으로 태어났다. 당시에 4분할 통치되고 있던 로마 제국을 통

---

21 인드로 몬타넬리, 로마 제국사, 까치
22 Weltmacht Rom – Der Niedergang, N24

일하여 1인 황제 시대를 다시 개막한 그는 스스로가 신으로 대접받고 싶어 했는지도 모른다.

그가 콘스탄티노플에 자신을 태양신으로 묘사한 큰 청동상을 세운 것을 보면 이런 의심은 피할 수가 없다. 역사가들이 흔히 그를 최초의 기독교인 로마 황제라고 부르지만, 그가 실제로 기독교 신앙이 있었는지는 명확하지 않다. 자신의 이름을 딴 새 수도 콘스탄티노플을 건설하고 천도하였으며 자신의 절대 권력에 장해물이 된 부인과 장남을 죽일 만큼 절대 권력과 영광에 대한 끝없는 욕망을 가진 사람이었다. 그에게 있어서 기독교는 자신의 야망을 달성할 수단이었을 것이다.[23] 그는 제국의 황제이면서 동시에 급속히 세력이 커지고 있던 기독교 교회의 최고 수장이 되었기 때문이다.

제국의 수도가 동부의 콘스탄티노플로 이전한 후로 제국의 서부 지역은 사실상 해체 단계로 들어섰다. 그리고 해체되고 있던 낡은 사회에서 교회는 신속히 그 활동 범위를 확대하였다. 사회가 붕괴되는 속도가 빨라질수록 교회의 활동 범위도 빨리 확장되고 있었다.[24] 그래서 서로마 제국의 말기에 발생한 야만족의 침입과 경제적인 곤경 같은 사회적 혼란과 위기 속에서 로마 주교를 중심으로 하는 기독교 교회는 사회의 붕괴를 막아내는 마지막 기둥의 역할을 하였다. 452년 훈족의 왕 아틸라(406~453)가 이탈리아 북부를 침공했을 때도 로마 주교 레오 1세는 만토바에서 그와 담판하여 그의 군대가

---

23 Kaiser, Mörder, Heiliger − Konstantin der Große, Phoenix

24 A.J.Toynbee, 역사의 연구 II, 홍신문화사

로마로 진공하는 것을 막았다.[25] 기독교는 서로마 제국이 멸망했을 때에도 참상을 완화했고 정복자들의 맹위를 누그러뜨리는 데도 기여했다.[26]

서로마 제국 멸망 이후에 발생한 무정부적 혼란 속에서 더욱 많은 사람이 교회로 몰려들어 몸을 의탁했다. 그래서 서유럽 기독교 교회는 살아남았을 뿐만 아니라 오히려 성장하였고 나아가서 야만족들에게 포교하여 세력을 넓혔다. 중세 전기(대략 1000년까지)를 거치면서 무슬림이 통치하는 스페인의 안달루시아를 제외한 서유럽과 북유럽 전체가 기독교화되었다. 교회는 서유럽 전체를 하나로 연결하는 망을 형성하여 사실상 멸망한 서로마 제국의 계승자가 되었다. 그리고 교회는 신분의 고하를 막론하고 모든 사람의 삶에 항구적이고 필수적인 존재로 자리 잡았으며, 교육의 중심지이자 도덕적·지적 권위자였다.[27] 중세 서구인은 자신들의 마음에 깊게 새겨진 기독교적 세계관으로 인하여 천국과 지옥, 천사와 악마의 존재를 믿어 의심하지 않았으며 현세란 잠시 스쳐 지나가는 과정에 불과하였고 죽어서 신의 법정에서 심판받는 것만을 생각하며 살아갔다. 죽어서 천국에 갈 수 있다는 기대는 고통스러운 현세를 감내할 수 있는 유일한 위로였다. 중세 서구인의 의식은 하나의 베일을 쓰고 꿈을 꾸거나 반쯤 깨어난 상태에 있었다. 그 베일은 신앙과 어린애 같은 집착과 망상으로 짜여 있었기 때문에 그것을 통해 바라본 세계와 역사는 기묘한 색채를 띠었다.[28]

---

25 Mittelalter (Rom und Byzanz)
26 에드워드 기번, 로마 제국쇠망사, 동서문화사
27 시어도어 래브, 르네상스의 마지막 날들, 르네상스
28 야콥 부르크하르트, 이탈리아 르네상스의 문화, 한길사

PART 2 ____ 로마에서   0189

한편 서로마 제국의 멸망과 함께 고대의 찬란했던 지식과 기술은 서구 사회에서 점차 사라져갔다. 이로 인해 서유럽의 중세는 학문과 기술이 퇴보하고 빈곤과 무지가 지배하는, 이른바 '암흑의 시대'를 맞이하게 된다. 그러나 망한 자가 있으면 흥한 자도 있는 법. 중세의 어둠 속에서 유일하게 대박을 친 사람이 있었으니 바로 교황이었다. 본래 공식직함이 '로마 주교'였던 그 자리는 어느새 슬그머니 격상되어 '로마 교황'이라는 직함으로 바뀌었다. '로마 교황'이라는 직함을 사용함으로써 로마 주교가 다른 지역의 주교들과는 체급이 다르고 비잔틴 황제에 대해서도 최소한 동급이라는 것을 보여주려 했다. 예수로부터 지상에 교회를 세우라는 명령을 받은 성 베드로의 후예인 로마 교황이 신의 대행인으로서 지상을 다스릴 권리를 갖고 있다는 주장을 전면에 내세웠다. 그러나 이것만으로는 자신의 권위가 빈약하다고 느꼈는지 교황청은 한발 더 나아가서 750~850년에 이른바 〈콘스탄티누스 기증장〉이라고 불리는 위조문서를 작성하여 대사기극을 벌였다. 위조된 그 문서에 씌어 있는 내용은 고대 로마 제국의 콘스탄티누스대제가 콘스탄티노플로 수도를 옮기면서 로마의 주교인 실베스터와 그 후임자들에게 서부 로마의 황제권과 라테란 궁전을 양도하고 서부 로마와 모든 속주에 대한 지배권을 넘겨주었다고 되어있다. 이 문서는 오랫동안 서유럽에서 교황의 세속 지배권을 정당화하는 용도로 이용되다가 르네상스 시대의 고전학자인 로렌초 발라(Lorenzo Valla, 1406~1457)에 의해서 위조문서임이 입증되었다.[29] 이 일로 발라는 교황청의 앙심을 사서 죽을 뻔했다가 간신히 목숨을 건졌다.

---

29 야콥 부르크하르트, 이탈리아 르네상스의 문화, 한길사

754~756년에 프랑크왕국의 국왕 피핀(742~814)은 교황 스테파노 2세 (재위 752~757)의 요청을 받고 군대를 이끌고 이탈리아로 와서 게르만계 종족인 랑고바르드족을 무찌르고 그들이 비잔틴 제국으로부터 빼앗은 로마에서부터 라벤나에 이르는 지역을 탈환하여 로마 교회에 기증하였다. 이로 인해 교황령이 공식적으로 출현하여 바티칸의 기원이 되었다. 그리고 800년에 교황 레오 3세(재위 795~816)는 비잔틴 제국으로부터의 분리를 명확히 하면서 더불어 군사적인 보호를 받기 위해 프랑크 왕국의 국왕 샤를마뉴(742~814)를 로마로 불러들여 '신성 로마 제국' 황제의 왕관을 그의 머리에 얹혀주었다. 샤를마뉴는 알프스를 넘어가서 명예로운 로마 황제가 되었으며 동시에 교황은 샤를마뉴의 지지하에 서유럽 교회와 교황령의 지배를 공고히 하였다. 그러나 본시 게르만족이었던 이 새로운 로마 황제는 로마에 거주하지 않았고 오늘날 서부 독일의 아헨에 왕궁을 세우고 머물렀다.[30]

샤를마뉴와 로마 교황의 결탁은 본시 비잔틴 제국의 황제를 겨냥한 것으로서 이후 비잔틴 황제는 서유럽에 대한 지배력을 완전히 잃어버리게 되었다. 결국, 유럽의 기독교 지역은 서부의 가톨릭과 동부의 정교로 분리되어 오늘날 서유럽과 동유럽 사이에 존재하는 문화의 차이가 여기에서 기원하였다.[31]

---

30 폴 존슨. 르네상스. 을유문화사

31 Untergang der Imperien – Das byzantinische Reich, 3 Sat

아헨의 궁전
출처: 위키백과

한편 서유럽에서는 샤를마뉴가 교황에 의해 황제로 임명되면서 교회는 세속 권력보다 우위에 있다는 생각이 싹트게 되었는데, 이 점에 대해서는 샤를마뉴 자신도 로마로 가서 대관식을 한 것을 후회했다고 한다.[32] 결론적으로 그는 로마 교황의 꼼수에 넘어간 것이었다. 이후 서유럽에서는 황제와 교황 간의 길고 긴 힘겨루기 역사가 전개되었다. 이론적으로 볼 때 교황은 지상에서 신의 대리인으로 교회를 통치하고 동시에 황제는 국가의 통치자였기 때문에 양자의 영역은 구분되고 조화를 이룰 수 있었다. 그러나 실제로 중세 서유럽에서 교회와 국가는 분리되지 않았고 그래서 양자의 권력은 부딪쳤고 영원한 라이벌이 될 수밖에 없었다. 특히 성직 임명권인 이른바 서임권은 교황과 황제 간 분쟁의 핵심 이슈가 되었다.

중세 서유럽 사회에서 가장 흔히 던져졌던 질문은 이런 것이었다.

누가 지상에서 가장 센 사람이냐? 교황이냐 아니면 황제냐?

이 질문에 대한 대답은 시대에 따라 달라진다. 교황 그레고리 7세(재위 1073·1085)는 1077년 북부 이탈리아 카노사성에서 신성 로마 제국 황제 하인리히 4세를 자신의 발아래 무릎 꿇린 '카노사의 굴욕'으로 교황의 권세를 만방에 떨쳤다.

---

32 로버트 램, 서양 문화의 역사 II, 사군자

카노사성
출처: 위키백과

그리고 그로부터 100여 년이 지나서 교황 인노켄티우스 3세(재위 1198~1216)가 서임권 분쟁에서 승리를 거둔 후에 단언한 "교황은 태양이고 황제는 달에 불과하다"라는 말이 공공연히 인구에 회자되었다.[33] 그러나 '태양도 저녁이 되면 황혼'이 아니던가. 이후 교황의 권세는 내리막길에 들어서게 되었다.

교황의 권세가 기울어지게 된 결정적인 계기는 바로 십자군 전쟁이었다. "신이 그것을 원한다"라는 교황 우르바누스 2세(재위 1088~1099)의 한 마디로 성지 탈환의 명분을 내걸고 1096년에 시작된 십자군 전쟁은 교황의 주도하에 8차에 걸쳐서 중동에 원정을 보내는 형태로 진행되었다. 1차 원정에서 예루살렘을 함락한 것을 빼면 별다른 전과가 없이 진행되던 십자군 전쟁은 프랑스 국왕 루이 9세의 지휘를 받은 7차(1248~1254)와 8차(1270) 십자군

---

33 시오노 나나미, 르네상스를 만든 사람들, 한길사

이 원정을 했지만 모두 패전하였다.

십자군은 중동 지역 주민들을 무참히 학살하고 약탈하여 악명만을 얻었을 뿐이었다. 십자군 전쟁에 참여한 서유럽의 연대기 저자는 이렇게 고백했다.

> "마라에서 우리(십자군)는 이교도 어른들을 커다란 솥에 넣어 삶았다. 또 그들의 아이들을 꼬챙이에 꿰어 불에 구웠다."[34]

기독교의 성지 예루살렘을 638년에 무슬림이 정복했지만 이후 이곳에서는 기독교인, 유대인, 무슬림이 평화롭게 공존하고 있었다. 즉 무슬림 통치하의 예루살렘은 종교적으로 관대한 사회였다. 이런 예루살렘을 1099년 7월에 십자군이 함락했을 때의 참상은 이렇게 전해지고 있다.

> "프랑크인들(십자군)은 일주일 동안 수많은 사람을 학살하였다. 알 아크사 사원에서 그들은 7만 명이 넘는 사람들을 죽였다."[35]

십자군은 예루살렘에서 모든 무슬림을 죽였나. 그들은 이교도를 사람이 아니라 악마로 간주했기에 학살하면서도 죄의식이 없었다.[36]

---

34 아민 말루프, 아랍인의 눈으로 본 십자군 전쟁
35 아민 말루프, 아랍인의 눈으로 본 십자군 전쟁
36 Der Kreuzritter Richard Löwenherz, Phoenix

십자군이 전쟁 초반에 승승장구했던 것은 이슬람 세계의 정치적 분열 덕분이었다. 11세기 중반 셀주크튀르크가 중동 지역을 정복했지만 이어서 셀주크 왕족들 사이의 권력 투쟁과 분열로 인하여 당시 중동 지역은 사분오열되어있었다. 무슬림 지도자들 사이의 상호 반목과 배반으로 인하여 십자군에 대한 조직적인 대항이 이루어질 수 없었다. 그러나 십자군의 침략이 시작되고 약 30년이 지나면서 무슬림이 전열을 갖추고 제대로 된 반격을 시작하였다. 마침내 1187년 10월에 무슬림의 영웅 살라딘은 십자군으로부터 성지 예루살렘을 재탈환하였다. 그런데 십자군이 예루살렘을 함락했을 때와는 완전히 대조적으로 어떠한 학살이나 약탈 행위도 발생하지 않았다. 그리고 끝내 1291년 6월 무슬림 군대는 중동에 남아 있던 십자군의 마지막 거점 도시인 지중해 연안의 아크레를 포위 공격하여 함락했다. 이 도시를 통치하고 있었던 서유럽 출신의 왕과 귀족들은 일찌감치 도주하였고 미처 대피하지 못한 사람들은 죽거나 포로가 되었다. 이로써 거의 200년 동안 지속하였던 십자군 전쟁은 대단원의 막을 내렸다.

십자군 전쟁에서의 실패로 인해 교황은 급속히 권위를 잃고 몰락을 길을 걷게 되었다. 신의 뜻으로 행한 전쟁에서 패한 것은 교황이 자신의 야욕을 신의 뜻으로 사칭한 것으로 봐야 했기 때문이다. 아니면 교황이 신의 눈 밖에 났기 때문에 신이 전쟁의 승리를 돕지 않았다고 해석할 수도 있었다.

아크레 공방전
출처: 위키백과

게다가 이교도의 땅인 중동 지역이 기독교도의 땅인 서유럽보다 문명이 더욱 발달했다는 사실이 서구 사회에 알려지면서 기독교 교회의 권위가 떨어지는 것은 당연한 이치였다.

14세기 시작과 함께 교황의 권위가 나락으로 추락한 사건이 욕심 많은 교황과 국왕의 충돌로 인해 발생하였다. 교황 보니파키우스 8세(재위 1294~1303)는 교황이 된 이후로 축재와 장수라는 오직 2개의 목표를 끈질기게 추구한 사람으로서 서유럽 전역에서 로마 교황청으로 흘러들어 온 엄청난 양의 돈을 착복하고 축재하여 당대 서유럽 최고의 부자가 되었다. 게다가 로마 황제 흉내를 내던 그는 교황 칙서를 공표하여 세속의 왕들은 교황의 권력에 예속되어 있다고 선언했다.

당시 경제적으로 번영하던 프랑스의 미남 왕 필립 4세 (재위 1285~1314)는 프랑스에서 걷어진 교회세가 교황에게 넘어가는 것을 막고 이를 자신이 차지하려 하였다. 그는 프랑스 교회의 재산이 나라의 전쟁을 지원하는 데 쓰여야 한다고 생각했다. 필립의 행위는 교황의 밥그릇에 숟가락을 댄 행위로써 교황 측에서 보자면 용납될 수 없었다. 이에 보니파키우스는 필립에게 편지를 보내 자신의 권위를 인정하고 복종하라고 요구하였다. 야심가이고 혈기 넘치는 필립이 이를 수용할 리가 만무하였다. 떠오르는 태양이 지는 태양에게 머리를 숙이겠는가. 그래서 결국 두 사람은 힘겨루기에 들어갔다. 교황의 주된 무기인 파문이 이미 녹슨 칼날이 된 시점에서 막강한 군사력을 보유한 프랑스 국왕을 벨 수 있으리라 믿는 사람은 별로 없었다. 마침내 필립이 군사를 동원하여 선제 공격을 가해 보니파키우스의 급소를 찔러 버렸다. 때는 1303년 9월 7일, 교황 보니파키우스 8세는 로마에서 남동쪽으로 50km 떨어진 자신의 고향 아나니에 있는 작은 궁전에 머물던 중에 필립 4세가 보낸 군대에 습격을 당해서 교황 자신이 폭행과 감금을 당하는 굴욕을 겪은 후 그해 10월에 죽었다. 그 뒤에 필립 4세는 차기 교황의 피선에 강력한 영향력을 행사하여 프랑스 출신의 교황 클레멘스 5세(재위 1305~1314)를 세우고 그를 조종해서 교황청이 남프랑스의 아비뇽으로 옮겨지도록 하였다.[37] 이후로 교황은 프랑스 국왕의 꼭두각시로 전락하여 1309년에서 1377년까지 남프랑스의 아비뇽에 머물게 된다.

아비뇽 교황청
출처: 위키백과

---

37 Imperium der Päpste (1/3) – Duell zwischen Kreuz und Krone, ZDF

1378년 2명의 경쟁 교황인 로마의 그레고리우스 12세와 아비뇽의 베네딕투스 13세가 선출되어 한동안 아비뇽의 교황과 로마의 교황이 공존하는 분열의 시기를 겪더니 급기야 1409년 피사 공의회가 새 교황을 선출함에 따라 교황은 3명이나 되었다. 세 명의 교황은 각기 자기만이 교황의 정통성을 가졌다고 주장하며 다른 교황들을 비방하고 파문하였다.

이로 인해 기독교 세계는 세 토막으로 분열되었다. 교회의 재통일을 위해 독일의 콘스탄츠에서 열린 공의회는 1417년에 교황 마르티누스 5세(재위 1417~1431)를 선출함으로써 대분열을 효과적으로 치유했다.

그는 로마에 들어와서 상주하게 되었고 이후로 로마에서 통일된 교황청의 시대가 다시 개막되었다. 그리고 1400년대 중반이 지나면서 로마 교황청은 교회에 대한 예전의 영향력을 되찾을 수 있었다. 그러나 로마 교황은 세속의 군주들에 대한 정치적 영향력은 거의 상실하였으며 성직 임명권인 서임권도 국왕들에게 넘어갔다. 사실 교회의 권위 상실 자체가 르네상스 시대의 가장 중요한 특징이기도 했다.[38] 그럼에도 불구하고 로마 교황청은 완전히 분열된 이탈리아에서는 정치적 주도권을 행사하였다. 교황들은 마치 고대 로마 황제의 후계자인 것처럼 행세하며 당시 이탈리아에서 싹트고 있던 고대 로마 영광의 부활이라는 대중들의 소망을 자신들의 권력 확장에 이용하기도 하였다.[39]

---

38 시어도어 래브, 르네상스의 마지막 날들, 르네상스

39 A. 하우저, 문학과 예술의 사회사 근세 편, 창작과 비평

교황이 아비뇽에 가 있던 시절에 고대의 건축물들이 계속 파괴되면서 로마는 폐허의 도시로 변했다. 로마의 귀족들이 빈번히 무력 충돌을 하면서 많은 건축물이 파괴되었을 뿐만 아니라, 로마의 공권력이 약해진 사이에 고대의 건축물들은 로마의 시민들에게는 값싸고 손쉽게 건축 자재를 구할 수 있는 채굴장이 되었기 때문이었다.

폐허가 된 로마

그러나 통일된 교황청이 상주하게 된 이후로 로마는 폐허 위에서 새로이 부흥되었다. 아비뇽 유수로 체면이 땅에 떨어진 교황들은 자신들의 위신을 세우기 위해서라도 피폐해진 로마를 재건해야만 하였다. 교황이 사는 도시가 굶주린 승냥이의 놀이터로 전락한 것을 그저 눈뜨고 바라볼 수는 없는 일이었기 때문이다. 특히 교황 니콜라우스 5세(재위 1447~1455)는 고대의 성벽, 다리, 수도관 등을 보수하였으며 교황청 궁전, 사무소, 극장, 도서관 등을 건축하여 로마의 재건에 전력하였다.[40]

뒤를 이은 르네상스 시대의 교황들 치하에서도 로마 시내에 새로운 건축물들이 들어서게 되었다. 이와 함께 이 시대의 로마에서는 고대 로마를 지향하는 새로운 움직임이 발생했다. 대표적인 예로 고대 로마 황제의 개선식을 연출한 화려한 사육제 행렬을 들 수 있다. 또한, 발굴 작업을 통해 수많은 고대 로마의 유물이 발견되었다. 이런 유물들은 교황을 비롯한 고위 성직자들과 귀족들의 저택에 전시되었다. 그리고 마침내 로마 교황들은 피렌체에서 꽃을 피운 르네상스의 바통을 넘겨받아 로마의 르네상스를 화려하게 개장하였다.

한 가지 흥미로운 사실은 기독교 교회의 우두머리로서 교리의 수호신이 되어야 할 로마 교황이 '신보다 인간'을 내세우는 르네상스의 후원자가 되었다는 사실이다. 중세 시대에 고대 그리스와 로마의 문명을 이교도의 문명이라고 박대하였던 그들이 아닌가. 이를 이해하기 위해서는 본시 교황은 성

---

40 주남철, 이태리 르네상스 건축사, 고려대학교 출판부

직자라기보다는 정치인이고 무엇보다도 이탈리아반도 전체 면적의 약 1/5을 차지하는 교황령의 최고 통치자였다는 점을 이해해야 한다. 최고 통치자로서 그들은 탐욕적이었을 뿐만 아니라 또한 사치와 허영에 빠졌다. 그들이 고대 로마 황제를 흉내 냈던 것은 극도의 세속적 허영과 탐욕 때문이었다. 어쩌면 르네상스에 대한 그들의 관심도 거기서 유래했을 것이다. 이런 인간들이 교리에 무관심한 것은 당연한 이치가 아닌가.

르네상스 시대의 로마 교황들은 대부분이 부패하고, 탐욕스럽고, 사치스러운 인간들이었다. 그러나 아이러니하게 이런 교황들이 르네상스를 로마에서 꽃피웠다. 검소하고 금욕적인 사람이라면 아마도 값비싼 건물을 짓거나 화려한 사치품을 구매하지는 않았을 테니까. 게다가 로마 교황청의 주머니에는 '십일조'라는 명목으로 걷어들이는 교회세에다가 각지에 흩어져 있는 광대한 영지에서 들어오는 수입, 그리고 신자들의 헌납 등으로 막대한 돈이 흘러들어 왔다.[41] 당시 교황청은 재력에 있어서 이탈리아의 모든 제후와 은행가와 상인들을 능가하였다.[42]

교황청은 이 돈을 새로 건물을 짓는데 쓰거나 고위 성직자들의 호사스러운 생활을 위해 필요한 재화나 예술품을 구매하기 위하여 지불하였고 결국에는 피렌체가 쥐고 있던 예술시장의 주도권을 물려받았다. 당시 로마의 상류사회, 즉 교황을 위시한 고위 성직자들, 전통 귀족들 그리고 부유한 은행

---

41 시오노 나나미, 르네상스를 만든 사람들, 한길사
42 A. 하우저, 문학과 예술의 사회사 근세 편, 창작과 비평사

가들은 새로운 예술품의 구매뿐만 아니라 고대의 유물 수집에도 열정적이었다. 특히 15세기 말에 정력적인 수집가들은 고대의 조각상을 찾아 고대 로마의 유적지를 헤치고 다녔으며, 이를 위해 엄청난 돈을 쓰고 있었다. 그러나 발견된 조각상 중에 온전히 그 모습을 유지하고 있는 석고상이나 대리석상은 드물었고 청동상도 매우 희귀했다. 그러다가 1490년대에는 그리스 조각상 〈아폴로 벨베데레〉가 그리고 1506년에는 고대 예술품 중 최대 걸작인 〈라오콘〉이 로마에서 발굴되었다. 특히 〈라오콘〉은 발견 시에 엄청난 흥분을 야기한 작품으로서 미켈란젤로에게 영향을 준 것으로 알려져 있다. 교황 율리우스 2세는 두 작품을 모두 구매하여 자신이 수집한 조각상 중에서 최고로 여겼다. 이 두 작품은 현재 바티칸 박물관에 전시되어 있다.[43]

라오콘. 바티칸 박물관

---

43 폴 존슨, 르네상스, 을유문화사

교황청의 부패와 방탕은 이미 14세기부터 많은 이야기가 나오고 퍼져나갔다. 보카치오의 명작 〈데카메론〉에 나오는 파리에 사는 어떤 유대인은 기독교로 개종하라는 친구의 권고를 받고는 로마 교황청에 가서 성직자들을 보고 결정하기로 했다.

그는 한동안 로마에 거주하면서 교황을 비롯한 고위 성직자들 하는 꼴을 조심스럽게 관찰하고 파리로 돌아갔다. 그의 친구가 찾아와서 교황청 사람들이 어떠한지 물어보자 그는 망설임 없이 이렇게 대답했다.

> "대단히 잘못되었더군. 하느님께서 모두 다 벌하실 걸세. 내가 보건대 그곳 사람들은 고결하지도 않고 경건하지도 않았네. 선행이나 생활의 모범이나 그 밖에 성직자다운 어떤 것도 전혀 찾아볼 수 없었지. 반대로 음욕과 탐욕, 탐식, 사기, 질투, 오만 그리고 그런 비슷한 더 나쁜 것들만 가득하더군."[44]

한 걸음 더 나아가서 인문주의자 페트라르카는 아비뇽 유수 시절의 교황청을 이렇게 악평했다.

> "인류의 수치요 악의 소굴, 세계의 모든 오물이 집결하는 하수구, 그곳에서 하느님은 경멸 속에 섬겨지며 오직 돈만이 떠받들어진다."[45]

---

44 조반니 보카치오, 데카메론 1, 민음사
45 로버트 램, 서양 문화의 역사 II, 사군자

이쯤 되면 썩은 하수구를 정화하자는 움직임이 나올 수밖에 없는 것이 세상의 이치이다. 훗날 유럽 사회를 잔혹한 종교 전쟁에 휘말리게 한 종교 개혁의 씨앗이 르네상스 시대에 발아하여 서서히 성장하고 있었다. 일찍이 영국의 위클리프(John Wycliffe 1320~1384)와 체코의 후스(Jan Hus 1372~1415)는 가톨릭교회를 비판하며 종교 개혁 사상을 표방하였다. 특히 후스는 고위 성직자들의 부패를 비판하다가 파문당했으며, 끝내 콘스탄츠 공의회의 결정에 따라 1415년 화형에 처해졌다. 이들 종교 개혁가들의 공통점은 교회와 성직자들에 대한 불신과 함께 성서에 더욱 의존하는 신앙이라고 할 수 있다.

루터
출처: 위키백과

훗날의 루터(Martin Luther, 1483~1546)와 그 계승자들이 시작한 종교 개혁 운동은 중세를 지나면서 달라붙은 외피들(이를테면 가톨릭교회)을 제거하고 성서에 의존한 순수한 기독교를 재창조하자는 것이었다. 루터의 사상은 한 마디로 "원시 기독교의 복음을 다시 발견해 보자"였다.[46] 이는 달리 표현하면 구원을 받기 위해 성직자의 권위와 의식에 의지할 필요가 없다는 주장으로서 고대로의 회귀를 추구한 르네상스와 맞닿아 있다.[47]

46　Das Christentum 7 - Allein der Glaube, Geschichte Welt.

47　시어도어 래브, 르네상스의 마지막 날들, 르네상스

루터는 이런 말을 했다.

"교황은 매일같이 그리스도의 교회에 새로운 혐오스러운 과실을 가져온다."[48]

루터가 말했던 '혐오스러운 과실을 가져온' 교황 중의 최고봉은 스페인 발렌시아 출신의 알렉산더 6세(재위 1492~1503)였다. 볼로냐 대학에서 교회법을 전공하고 사제가 된 뒤 자신의 외숙부인 교황 갈리스투스 3세의 뒷배로 승승장구하여 추기경을 거쳐 교황이 된 그는 탐욕, 방탕, 비열로 명성을 얻은 르네상스 시대 최악의 '불한당 교황'이었다. 알렉산더 6세는 권력욕, 물욕, 정욕

교황 알렉산더 6세
출처: 위키백과

이 강하고 사치스러웠을 뿐만 아니라, 원하는 것을 손에 넣기 위해서는 수단과 방법을 가리지 않는 인간이었다.

게다가 호색가였던 그는 젊었을 적부터 여러 여인을 정부로 거느리고 많은 사생아들을 낳았으며, 교황이 된 후에도 바티칸 궁전에서 온갖 음란한 행위를 한 것으로 알려져 있다.

---

48 시어도어 래브, 르네상스의 마지막 날들, 르네상스

온갖 악행을 자행하던 알렉산더 6세는 어느 추기경이 건넨 독이 든 포도주를 마시고 죽었다는 이야기가 있지만 널리 받아들여지지 않고 있다.[49] 이 악당 교황이 독극물을 사용하여 사람들을 많이 살해했으니 같은 방식으로 보복당했을 것이라는 추측성 소문이었던 것 같다. 알렉산더 6세는 공식적으로는 말라리아 감염으로 인해 죽었다고 알려져 있다.

반면에 알렉산더 6세는 르네상스 시대의 교황답게 예술의 후원자로도 알려져 있다. 그가 교황으로 재임하는 동안 브라만테, 라파엘로, 미켈란젤로 같은 당대의 유명한 예술가들이 그를 위해 로마로 와서 작업 활동을 하였으며, 그로 인하여 로마에 새로운 건축의 시대가 도래하였다. 특히 그는 핀투리키오에게 오늘날 보르자 아파트라는 이름으로 알려진 사도 궁전의 특실들을 그림으로 채워 줄 것을 주문하였다.[50]

로마의 르네상스를 전성기로 끌어 올렸던 교황 레오 10세(재위 1513~1521)와 관련해서 실로 놀라운 이야기가 전해 내려오고 있다. 그것은 기독교 교회의 수장인 그가 무신론자였다는 사실이다. 이것은 그의 언행을 연구했던 대부분 학자가 인정하고 있다. 실제로 레오 10세가 좋아했거나 의뢰했던 예술작품들은 기독교와는 거리가 먼 내용이었다. 그는 당시 교황청 전속 유적 발굴 단장 라파엘로의 도움을 받으며 고대의 예술품을 발굴하기도 하였다.[51] 게다가 그의 교황취임 연설은 다른 교황들과 매우 달랐는데 "하느님이 우

49 야콥 부르크하르트, 이탈리아 르네상스의 문화, 한길사

50 위키백과, 교황 알렉산데르 6세

51 Imperium der Päpste (3/3) – Flammen über Rom, ZDF

리에게 교황청을 주셨으니 실컷 누립시다."[52]였다. 그리고 실제로 그는 실컷 누렸다. 캄파냐 평원에서의 사냥과 매 파티, 라 말라리아 별장에서의 유쾌한 모임, 로마에서의 연회 만찬, 문학, 시, 음악, 연극 등 실로 다양하였다. 그는 세련되고 지적인 향락을 지칠 줄 모르고 추구하였다.

레오 10세는 메디치가 '위대한 로렌초'의 둘째 아들로서 본명은 조반니 데 메디치(Giovananni de Medici)였다. 그의 아버지 '위대한 로렌초'의 뒷배로 16세의 나이에 추기경이 되었던 그는 자신의 친형 피에트로의 무능으로 인하여 1494년 메디치가가 피렌체에서 추방된 이후로 18년간 파란만장한 생애를 보냈다. 결국, 교황 율리우스 2세의 도움으로 피렌체를 되찾았으며 그의 후임 교황이 되었다. 그는 메디치가의 사람답게 학문과 예술을 사랑하였고 고전 문학에 해박했으며 예술가와 학자를 아끼고 지원하였다. 또한, 레오 10세는 피렌체 사람답게 익살꾼과 광대를 좋아하여 함께 어울렸을 뿐만 아니라 자신도 사람들 앞에서 익살을 부려서 최고의 르네상스 교황이 되었다. 경건이 중세 기독교의 미덕임을 이미 잊어버린 것이었다. 그에 관한 어떤 연구에 의하면 그는 근심과 슬픔이 사람의 수명을 깎아 먹는다고 생각하고 장수하기 위하여 최대한 즐겁게 살려고 했다.[53] 그러나 이런 노력에도 불구하고 그는 40대에 죽었다. 역시 옛말 그른 데 없다. 인명은 재천이고 아끼는 접시가 먼저 깨지는 법이다.

---

52   G.F. 영, 메디치 가문 이야기, 현대지성
53   야콥 부르크하르트, 이탈리아 르네상스의 문화, 한길사

르네상스 시대의 로마 교황은 르네상스 예술의 수요자였으면서 동시에 르네상스에 의해 권위를 잃어가는 모순된 존재였다. 레오 10세의 면죄부 판매에서 점화된 종교 개혁의 불길은 1517년에 루터가 교황청을 비난하는 그 유명한 〈95개 조 반박문〉을 발행하면서 엄청난 결과를 가져왔다. 인쇄술이라는 새로운 매체가 루터의 사상을 널리 퍼트리는 데 크게 기여한 것도 사실이었다.

독일에서 시작된 종교 개혁의 물결이 서유럽 전체로 퍼져나가면서 교황의 권위는 크게 흔들렸다. 그리고 마침내 1527년 '로마의 약탈'로 인하여 교황의 권위는 나락으로 추락하였다.

95개 조 반박문
출처: 위키백과

성 안젤로 요새

　　당시 신성 로마 제국 황제 카를 5세(재위 1530~1556)의 명을 받고 로마를 함락시킨 독일 출신 용병들은 대부분 루터교 신자로서 가톨릭교회가 애지중지하던 모든 것을 파괴하고 훼손하는 데서 기쁨을 얻었다. 추기경과 사제들은 그들의 노리개가 되었으며 성당과 궁전은 약탈당하였다. 그들은 또한 성 안젤로 요새에 숨어 있던 당시 교황 클레멘스 7세(재위 1523~1534)를 붙잡기만 하면 목매달아 죽이겠다는 말을 입버릇처럼 하였다.[54] 성 베드로 성당에서 1km 이내에 있는 성 안젤로 요새로 교황 클레멘스 7세를 도피시키는 과정에서 교황청의 스위스 출신 근위병들이 전멸한 것으로 알려져 있다.

　　독일 출신 용병들에게 로마는 더 이상 신성한 도시가 아니라 죄악의 도시 또는 반기독교의 도시로 간주되었다.[55]

54　G.F. 영, 메디치 가문 이야기, 현대지성
55　Die Medici – Paten der Renaissance (3/4) – Die Päpste der Medici, Phoenix HD

루터의 교회 비판에서 시작된 종교 개혁의 물결은 이후 서구 사회를 잔혹한 종교 전쟁으로 몰고 갔고, 파괴와 학살의 광풍이 서유럽을 휘감았다. 한편 종교 개혁 이후의 서구 사회는 종교적 영역에서 분리된 세속적 영역의 가치를 인정하는 방향으로 나아갔다. 마키아벨리는 정치와 종교의 분리를 주장하였고, 갈릴레이는 성서의 주장들이 과학적 결론들을 훼손할 수 없다고 하였다. 게다가 개신교에서 예찬한 근검절약과 자기 절제, 그리고 전력투구의 정신은 자본주의 체제가 요구하는 이상적인 인간을 만들어서 결국 근대 서구 사회에서 자본주의 발전의 토양이 되었다.

교황청이 있는 도시 로마는 르네상스와 함께 새로운 시대로 향하고 있었다. 나나미의 소설 〈황금빛 로마〉에서는 르네상스기의 로마를 불가사의한 도시라고 하였다.

> "어제 처음 로마에 도착한 사람도 하루만 지나면 마치 태어났을 때부터 로마에서 사는 듯한 얼굴로 시내를 돌아다닌다. 그들을 맞는 로마 사람들도 이방인을 바라보는 눈으로 그들을 보지 않는다. 옆을 걷고 있어도 돌아보지도 않는다. 그런데 거지조차도 상대가 프랑스인이면 프랑스어로, 에스파냐인으로 보이면 에스파냐어로 '나리 이 불쌍한 놈에게 한 푼만 적선합쇼'하고 아주 자연스럽게 말한다."[56]

---

56 시오노 나나미, 황금빛 로마, 한길사

당시 로마에는 유럽 각지에서 온 성직자, 학자, 예술가, 은행가, 군인, 여행자 등 온갖 다양한 외국인들이 있었는데, 이들은 로마에 도착하면 하나같이 로마화 되어 버렸다. 이런 현상은 그 시대의 다른 국제도시였던 베네치아나 콘스탄티노플과 비교해도 특이한 현상이었다. 어쩌면 고대 로마 제국의 개방성과 포용성을 르네상스기의 로마가 물려받은 것은 아닐까. 내 것과 다른 남의 것을 체험하면서 느끼는 놀라움과 충격은 하나의 문명을 새로운 단계로 도약시키는 자극제가 된다. 일찍이 내 것만을 주장했던 문명이 세계적인 문명으로 성장한 경우는 없었다. 동양의 지배적 문명이었던 중국 문명은 위치우위가 말했듯이 한(漢)족의 문(文)과 북방 유목민의 무(武)가 결합한 것이었다.[57] 조화로움 속에서 생명력은 살아 숨 쉰다. 그래서 지금도 로마는 영원의 도시로 불리며 넘치는 생명력을 뽐낸다.

---

57 위치우위, 중화를 찾아서, 미래인

로마의 르네상스 탐방

로마는 대도시이기는 하지만 중요한 유적과 문화재는 대부분 구시가지에 있어서 걸어 다니면서 관람하기에 그다지 힘들지 않았다. 테베레강 건너편에 있는 바티칸 역시 지하철을 이용해서 오래 걸리지 않고 편안하게 도달할 수 있었다. 로마 시내에는 고대, 중세, 르네상스, 바로크 시대의 유적이 마구 섞여 있어서 2천 년의 역사를 한꺼번에 보는 듯하였다. 그것이 아마도 로마가 발산하고 있는 최고의 매력일 것이다. 게다가 전 세계에서 몰려온 관광객들의 물결로 발생하는 생기 넘치는 현대적인 즐거움도 매력 포인트를 더한다.

로마의 르네상스를 찾아가는 우리의 첫걸음은 고대의 유적에서 시작되었다. 르네상스의 역사적 뿌리는 고대 문명이고 특히 로마의 르네상스는 고대 로마 문명을 계승했기 때문이다. 기독교 이전의 고대 문명 유적으로서 르네상스와 직접 연관되어 있으면서 지금도 옛 모습을 뽐내는 것으로는 아마도 **판테온**이 최고봉일 것이다. 2천 년 세월의 풍상을 겪으면서 '방부제 건축물'

로 구시가지에 굳건히 서 있는 그 모습은 참으로 경이롭다. 입구의 우람한 돌기둥 사이를 지나서 원통형 건물 안으로 들어서면 마치 고대 시대로 빨려 들어가는 것 같은 착각이 일어난다.

2_3_1 판테온

판테온(Pantheon)은 지금도 원래의 모습을 거의 그대로 간직하고 있을 정도로 보존이 잘 된 고대 로마의 건축물이다. 그리고 판테온은 현재 성당으로 쓰이고 있어서 어떻게 보면 고대 로마의 건축물 가운데 원래의 기능을 그대로 유지하고 있는 유일한 건물이라고 할 수도 있다.

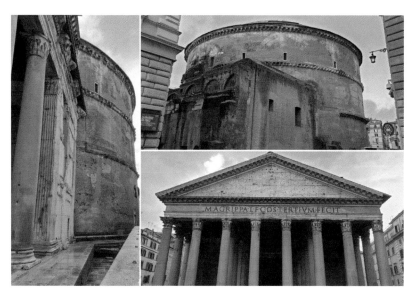

판테온의 외부

판테온이 르네상스와 직접적인 인연을 맺게 된 것은 브루넬레스키 덕분이다. 그는 (이미 언급한 대로) 로마에 와서 고대의 건축을 연구할 때 판테온을 집중적으로 관찰하였다. 이때 얻은 고대 건축에 대한 지식을 토대로 피렌체 대성당의 돔과 성 로렌초 성당을 건축하였다. 물론 브루넬레스키가 만든 돔은 판테온의 돔에 비해서 혁신적인 작품이었고 또한 그의 죽음으로 인하여 성 로렌초 성당은 완공되지 못했지만.

판테온은 그리스어로 '모든 신'이라는 뜻으로 BC 27년에 집정관 아그리파 (초대 황제 옥타비아누스의 사위) 가 악티움전투에서 승리한 후에 자신의 친구들과 옥타비아누스에게 경의를 표시하기 위해 건설한 신전이다. 여기서 잠시 아그리파가 옥타비아누스의 사위가 되었던 사연을 살펴보는 것도 흥미로울 듯하다. 초대 황제 옥타비아누스는 활달하고 아름다운 자신의 딸 율리아를 무척 총애하였다. 율리아는 14세 때 자신의 조카인 마르쿠스 클라디우스와 결혼했는데 남편이 일찍 죽자 로마의 '명랑한 과부'로 불리며 자유분방한 삶을 누렸다. 그러나 옥타비아누스는 하루 빨리 자신의 딸이 재혼하여 정숙한 여성이 되기를 바라고 있었다. 그는 자신이 가장 신임하는 부하이자 당대 로마 최고의 군인이었으며 신사이기도 했던 아그리파를 사윗감으로 찍어놓고서 그에게 부인과 이혼하고 자기 딸 율리아와 재혼하도록 명령하였다. 당시 아그리파의 나이는 42세였고 율리아는 겨우 18세였다. 그러나 나이 차이보다 더욱 큰 문제는 두 사람의 성격 차이였다. 어쨌든 남녀의 만남이라서 둘은 다섯 명의 자식을 낳기는 했지만, 최악의 결혼 생활을 하였다. 이 결혼은 8년 만에 아그리파의 죽음으로 끝이 나고 율리아는 본래의 체질대로 다시 '명랑한 과부'로 돌아갔다. 둘 사이에서 태어난 자식들은 하나같이 아버지인 아그리파의 얼굴을 닮았는데 그 모습을 본 주변 사람들이 율리아에게 그 이유를 물었더니 그녀는 부끄러운 기색 하나 없이 당당하게 대답하였다고 한다. "난 배에 짐이 있을 때는 다른 아무것도 배에 태우지 않지요."[58]

판테온은 신전으로 사용되다가 80년에 발생한 화재로 인해 손상되었으나 복구되었으며, 110년에 벼락에 맞아서 전소된 이후 하드리아누스 황제가 집권했던 시기인 118~125년에 새로 건축되어 지금의 모습으로 바뀌었다. 그리고 609년에 성당으로 바뀌었다.[59]

이 건물은 삼각 지붕 형태의 입구와 원통형 공간 위에 돔을 올린 뒷면 부분이 연결된 형태로 이루어져 있다. 화강암으로 만들어진 세 열의 거대한 코린트식 기둥이 받치고 있는 삼각 지붕 부분은 사원의 파사드 모양을 하고 있고 뒷부분은 둥근 원형의 돔이 중앙에 놓여있다. 르네상스 시대에 천재 화가 라파엘로가 판테온을 이 세상에서 가장 아름답고 완벽한 건물이라고 평한 바 있다.

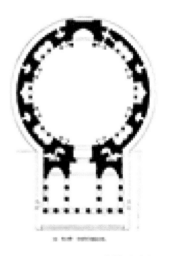

판테온의 평면도
출처: 위키백과

58 인드로 몬타넬리, 로마 제국사, 까치

59 Wikipedia, Pantheon

판테온 내부

판테온의 돔은 콘크리트로 된 한 겹의 외벽으로 건설되었는데, 콘크리트는 석회와 화산재에 가벼운 자갈을 섞어 넣고 물로 반죽한 것이었다. 이렇게 만들어진 콘크리트는 가볍고 단단해서 무너지지 않고 지탱할 수 있었다. 돔과 원통형 외벽은 이음매 없이 한 덩어리로 떠냈기 때문에 견고하다. 4,535톤인 돔의 중량은 6.4m 두께의 원통형 벽 안에 있는 여덟 개의 원통형 둥근 천장들로 분산되어 기둥들까지 전해진다.

돔의 위로는 태양을 상징하고 내부를 밝히는 빛이 들어오는 지름 9m의 구멍이 뚫려 있다. 그 구멍은 판테온을 상징하는 트레이드 마크가 되었지만 사실 건축 당시에는 지름이 약 9m나 되는 천장의 구멍을 같은 재료를 사용하여 완전히 덮을 수 있는 기술이 없었다. 돔의 내부 지름은 43.3m로서 세계에서 가장 넓은 돔이다. 바닥에서 돔 안쪽 정상까지의 높이는 지름과 똑같은 43.3m이다. 그리고 돔의 아랫부분 벽은 두껍고(6.4m) 위로 갈수록 얇아져서 하중을 최소화했다. 꼭대기의 개구부 벽두께는 1.2m이다.

판테온을 보고 나온 사람들은 고대 시대에 이렇게 크고 아름다운 건물을 지을 수 있었던 고대 로마인의 위대한 능력에 감탄한다. 그래서 고대 로마는 르네상스 시대 이탈리아인의 정신적 고향이 되었다. 오늘날에도 이탈리아인은 고대 로마인이 그들의 조상임에 무한한 자부심을 느낀다. 결국, 이탈리아 민족정신의 뿌리는 고대 로마였다.

로마의 르네상스는 교황의 주도로 바티칸에서 시작되었다. 르네상스 시대에 선출된 로마 교황은 피우스 2세부터 파울루스 3세까지 총 9명이며 시간상으로는 1458년부터 1549년까지 약 90년이다.[60] 하지만 로마의 르네상스가 화려하게 꽃을 피운 이야기는 식스투스 4세에 의해 건축된 바티칸의 **시스티나 예배당**에서 시작된다. 이 건물은 오늘날에는 위대한 예술작품과 귀중한 유물을 전시하고 있는 바티칸 박물관의 일부가 되어 매일매일 관람객들이 인산인해를 이루고 있다. 겉으로 보기엔 화려하진 않지만 실제로는 르네상스 예술의 보고로 명성이 높은 건물로서 무엇보다도 미켈란젤로의 명작 프레스코 천장화와 벽화로 온 세상의 예술 애호가들에게 그 이름이 널리 알려져 있다. 이 작품들을 보기 위하여 바티칸 박물관의 맨 끝에 있는 시스티나 예배당까지 관람객들의 인파에 떠밀리어 갔던 경험은 우리에게 오래 기억될 것 같았다.

---

60   시오노 나나미, 르네상스를 만든 사람들, 한길사

시스티나 예배당 외부

2_3_2 시스티나 예배당

바티칸의 시스티나 예배당(Cappella Sistina)은 제노바의 어부 가문 출신으로 사악하고 탐욕스러웠던 교황 식스투스 4세(재위 1471~1484)의 주문으로 1473~1481년에 폰테리의 설계로 건축되었다. 식스투스 4세는 로마를 세계의 중심으로 만들겠다는 야망을 갖고 있었는데, 로마를 빛나게 하기 위해 자신의 이름을 딴 이 건물을 세웠다.

식스투스 4세는 생애 대부분을 가난한 탁발 수도사로 빈곤하게 지내다가 신학자로 명성을 얻어서 50대 후반의 나이에 교황이 되었다. 교황이 된 후에 그는 조카들을 차례로 추기경으로 임명하여 교황청에서 족벌주의를 시작했을 뿐만 아니라 궁극적으로는 이탈리아에 자신의 일가가 통치하는 제국을 세우려고 생각하고 있었다.

이를 위해 그는 피렌체에서 메디치가를 밀어내고 자신의 조카인 지롤라모가 통치하게 하려고 했다. 그가 메디치가를 피렌체에서 제거하려고 했던 또 다른 이유가 있었는데, 그것은 이제 막 교황이 된 식스투스 4세가 메디치가의 수장인 '위대한 로렌초'에게 자기 조카들의 정치 자금으로 쓰기 위해 메디치 은행을 통해 거액의 돈을 꾸어달라고 요청했다가 거절당해서 앙심을 품었다는 이야기가 있다.[61]

식스투스 4세는 피렌체의 유력한 귀족 가문이면서 메디치가 다음으로 부유한 파치(Pazzi)가를 음모에 끌어들였다. 음모의 내용은 피렌체를 통치하고 있는 메디치가의 두 형제 '위대한 로렌초'와 줄리아노를 암살한다는 것이었다. 이것이 그 유명한 '파치가의 음모(1478)'이다.

파치 궁전, 피렌체[62]

---

61 Imperium der Päpste (2/3) – Verschwörung im Vatikan, ZDF
62 피렌체에 있는 파치 궁전은 파치 가문의 저택이었다.

암살 임무를 맡은 자들은 사제 두 명과 파치가 출신 한 명 그리고 한 명의 불한당이었다. 그들의 거사는 피렌체 대성당에서 한창 미사가 진행되고 있을 때 행해질 예정이었다. 이 음모로 인해 줄리아노는 자객들에게 칼로 열아홉 군데가 찔려서 즉사하였고 '위대한 로렌초'는 칼에 찔려 부상당했지만, 목숨을 건졌다. 결과적으로 '파치가의 음모'는 실패로 끝났고 음모에 가담한 사람과 자객 모두는 분노한 피렌체 시민들에게 잡혀서 처형되었다. 이 사건을 계기로 파치가는 멸문지화를 면치 못했다. 한편 식스투스는 음모에 가담한 사제들을 처형시켰다는 이유로 메디치가를 파문하는 뻔뻔함을 보였다. 이 사건은 교황 식스투스 4세의 파렴치한 인성을 잘 보여주는 대표적인 사례이다. 그러나 그는 피렌체의 메디치가처럼 로마에서 학문과 예술의 진흥에 기여하는 모습을 보여주기도 했다. 먼저 그는 메디치가의 플라톤 아카데미를 모방하여 로마 아카데미를 설립하였다. 그리고 바티칸 궁전에 시스티나 예배당이라고 불리는 르네상스 예술의 전당을 건축하였다.

천지창조 전체

식스투스 4세의 조카이며 20년 후에 교황이 되는 율리우스 2세(재위 1503~1513)는 피렌체로부터 미켈란젤로를 초빙하여 시스티나 예배당에 대형 프레스코 천장화인 〈천지창조〉(1508~1512)를 그리게 했다. 이 작품은 대략 600 제곱미터의 둥그스름한 천장에 구약성서에 등장하는 약 300여 명의 인물들과 그에 관한 이야기들이 묘사되어 있다. 우주의 창조에서 노아의 홍수까지 창세기를 다루면서 경이로운 하나의 작품이 완성되었다.

특히 〈아담의 창조〉는 가장 장엄한 구도를 보여주고 있는데, 위압 당한 이브를 보듬어 안고 왼손을 아기 그리스도의 어깨에 얹고서 창조주 하느님은 손가락을 뻗어 무기력한 아담에게 생명의 불꽃을 전하고 있다.[63]

아담의 창조

---

63 로버트 램, 서양 문화의 역사 II, 사군자

예술에 조예가 없고 교양적 지식도 부족했던 율리우스 2세는 이 시기에 미켈란젤로와 자주 충돌을 하였는데 이와 관련된 일화가 있다. 어느 날 율리우스 2세는 시스티나 예배당에 들어가서 높은 곳에서 천장화를 그리고 있는 미켈란젤로에게 "언제쯤 완성되느냐?" 물었다. 그러자 미켈란젤로는 퉁명스러운 목소리로 "완성했을 때"라고 천장에서 대답했다고 한다.[64]

시인이기도 했던 미켈란젤로는 프레스코 천장화 〈천지창조〉를 완성하기 위해 4년 동안 누운 자세로 그림을 그리면서 느꼈던 심적 고뇌와 육체적 고통을 한 편의 시로 표현하였다.

> "이 굴속에서 붙어살다 보니 목이 퉁퉁 부어올랐다네…
> 롬바르디아건 그 어디건
> 흐르지 않는 개울로부터 기어 나온 고양이 마냥…
> 배꼽은 어느새 턱밑까지 밀려왔더군…
> 머리는 하늘을 향하고
> 척추에 박힌 목덜미는 밑으로 축
> 가슴뼈는 하프처럼 부풀어 오르고
> 붓에서 뚝뚝 떨어지는 굵고 가는 방울들은
> 내 얼굴을 화려하게 수놓지.
> 배와 이어지는 나의 사타구니는 지레처럼 닳았고
> 나의 엉덩이는 깔판처럼 내 몸무게를 지탱하고 있지.

64 시오노 나나미, 르네상스를 만든 사람들, 한길사

갈 곳 모르는 나의 발은 앞뒤로 흔들거리고

나의 푸석푸석한 피부는 앞에서는 구겨져 있고

뒤에서는 등을 구부리니까 땅길 대로 땅기지.

꽈배기처럼 내 몸은 뒤틀려 있다네

뇌와 눈을 사팔뜨기처럼 비틀다 보니

이상한 꼴이 되었어.

자꾸만 빗나가는 총을 독한 마음으로 겨누고 있다고 할까.

그러니, 여보게, 부디 와서

나의 죽은 그림과 명성을 좀 살려주게나.

죽지 못해 살고 있네, 그림은 나의 치욕이야." [65]

  본시 조각가였던 미켈란젤로가 화가로 변신한 이면에는 숨겨진 사연이 있다. 당시 교황청 건축 책임자였던 브라만테가 미켈란젤로의 재능을 질투하여 미켈란젤로의 명성을 떨어트리려는 음모를 꾸미게 된다. 브라만테는 미켈란젤로가 회화에는 약할 것으로 생각하여 교황 율리우스 2세에게 시스티나 예배당의 프레스코 천장화를 미켈란젤로에게 맡기라고 권고했다. 미켈란젤로는 원치 않았던 일을 억지로 맡았지만, 혼자의 힘으로 4년 만에 이 위대한 작품을 완벽하게 끝냈다. 결국, 브라만테의 질투심은 오히려 미켈란젤로의 명성을 높이는 데 기여하게 되었다.

---

65 로버트 램, 서양 문화의 역사 II. 사군자

〈천지창조〉완성 이후 20년 이상의 세월이 흘러 로마의 르네상스가 전성기를 지나 쇠락하던 시절에 르네상스 최고의 프레스코 벽화 중의 하나인 미켈란젤로의 〈최후의 심판〉이 시스티나 예배당의 벽면에 그려졌다.

르네상스 마지막 교황이었던 파울루스 3세(재위 1534~1549)는 유명한 예술 후원자로서 1535년에 당시 60세인 미켈란젤로에게 시스티나 예배당의 남은 벽면 전체에 대형 프레스코 벽화인 〈최후의 심판〉(1536~1541)을 그려 달라고 주문했다. 노년의 미켈란젤로는 온 힘을 다 바쳐서 이 작품을 5년 만에 완성하였다.

최후의 심판

그는 〈최후의 심판〉에서 대형 프레스코 벽화를 강인한 육체를 지닌 사람들로 채워 넣어 장대한 스케일로 존엄한 신의 심판을 표현했다. 이 작품은 미켈란젤로가 1527년 신성 로마 제국 황제 카를 5세의 군대에 의해 자행된 이른바 '로마의 약탈'에서 영감을 얻어 그린 것으로 전체적으로 음울하고 비극적인 분위기가 지배적이다. 대략 1만 명의 로마 시민이 학살되고 도시가 폐허로 변한 그 사건은 르네상스 시대에 발생한 최악의 참사였고 그에 기인한 어두운 영감은 미켈란젤로의 예술에 크게 영향을 주었다.[66]

"최후의 심판을 감상한 사람들은 어떤 생각을 할까요?"

"대부분 사람은 아마도 자신이 죽으면 어떻게 될까 하는 생각을 할 것 같은데"

"이 작품에 대한 전문가들의 평판은 어떤가요?"

"다양하다고 할 수 있지. 근육을 과장되게 묘사해서 흉하다는 평도 있고, 종교적인 신성한 건물에 불경스럽게도 나체를 그렸다고 비판하는 사람도 있지. 반면에 인간을 중심에 둔 르네상스 정신을 표현했다는 호평도 있어."

---

66 Die Medici – Paten der Renaissance (3/4) – Die Päpste der Medici, Phoenix HD

실제로 이 작품이 완성되었을 때 이른바 '반종교개혁파'로부터 호된 비판을 받았다. 나체의 인간은 불경스럽고 비도덕적이어서 종교적인 건물에 적합하지 않다는 것이었다. 그러나 미켈란젤로는 '교회가 아닌 인간이 중심'이라는 이슈를 내세웠다.[67] 어쨌든 미켈란젤로의 작품이 채워 넣어지면서 시스티나 예배당은 르네상스 예술의 전당으로 완성되었다.

교황 파울루스 3세는 종교 개혁에 맞서서 가톨릭을 지키려고 노력했지만 동시에 세속적인 인물로서 교황이라는 직위가 자신과 가족의 이익을 취하는 자리임을 보여주었다. 그는 호사스러운 만찬을 즐겼는데 그 시대에 교황청의 요리는 최고의 수준에 도달하였다. 교황의 식탁에는 이슬람 세계로부터 수입된 식품이 많이 있어서 종교의 벽을 뛰어넘은 것으로 보였다.[68] 당대 이슬람 세계에서 주식처럼 여러 요리에 사용된 식자재는 가지였다. 가지는 귀족과 서민을 불문하고 고기의 대용으로 사용했던 재료 중의 하나였는데 훗날 이탈리아로 전파되었다. 이슬람 세계로부터 이탈리아로 전파된 대표적인 식자재는 석류이다. 석류는 페르시아로부터 보급되었으며 이슬람 사람들이 스페인에 정착한 후에는 유럽에서 재배되기 시작하였다. 석류는 이탈리아 음식인 로마니아에 사용되었는데, 베이컨과 양파와 닭고기를 함께 볶은 후에 새콤달콤한 석류즙을 넣어서 맛을 내는 요리였다.[69]

---

67 Michelangelos dunkles Geheimnis, Spiegel HD

68 Imperium der Päpste (3/3) – Flammen über Rom, ZDF

69 질리언 라일리, 미식의 역사, 푸른 지식

사실은 음식보다도 철학, 의학, 천문학 및 수학에서 이탈리아의 르네상스는 이슬람 세계로부터 큰 영향을 받았다. 중세 이슬람 세계에서는 아리스토텔레스의 철학을 가르쳤고, 환자를 수술하기도 하였으며, 코페르니쿠스의 지동설이 나오기 훨씬 이전에 지구가 태양의 주위를 돌고 있다는 것을 알고 있었고, 종이를 사용하여 달력과 서적을 만들었으며, 시계를 사용하여 시간을 측정하였다. 풍차와 물레방아는 본시 아랍인들이 사용하던 것으로서 무슬림들이 스페인을 침공해 정복하는 과정에서 그 기술이 전파되었다. 무슬림이 통치했던 스페인의 안달루시아에서는 레오나르도 다빈치보다 600년 앞서서 비행기구가 만들어졌고 실험되었으며 당시 서유럽에서 가장 큰 도시였던 코르도바에서는 이미 10세기에 가로등과 상수도가 갖추어졌다.[70]

오늘날의 상황을 보면 믿기 어려운 이야기이지만 당시에는 서유럽이 후진 지역이었고 이슬람 세계가 선진 지역이었다. 십자군 전쟁에 참전했거나 물자 운송을 담당했던 서구인들은 이슬람 세계의 발달한 문명을 체험하면서 충격을 받았고, 귀국 길에 그들의 문물과 기술들을 서유럽으로 가져갔다.[71] 십자군이 서유럽으로 가져온 것들은 사치품뿐만 아니라, 설탕, 쌀, 감귤, 멜론, 비단, 면직물 같은 것들로서 훗날 서구인의 생필품이 되었다. 그러나 이런 물건들보다 더 중요했던 것은 이슬람 세계에서 보존되었던 고대 그리스 문명의 유산과 발달한 과학 기술이었다. 이것들은 낙후했던 서유럽에서 문명 발전의 씨앗이 되었다.[72]

---

70 Wie der Islam die Renaissance schuf ZDF

71 ARTE Doku — Islam und Wissenschaft — "Morgenland und Abendland"

72 로버트 램, 서양 문화의 역사 II, 사군자

르네상스와 함께 서구 문명은 중세의 침체기를 극복하고 도약기를 맞이하였다. 반면에 이슬람 문명은 중세에 도약기를 누렸고 그 후로는 침체기에 빠져있는 형국이다. 하지만 미래에는 다시 반대로 뒤집어질 수도 있다. 돌고 도는 것이 세상사가 아니던가. 단지 우리가 문명의 순환이라고 하는 역사의 흐름 속에서 발견한 것은 '종교적 사상적 독선이 인간의 창의력을 억압하여 문명의 침체를 야기하는 주된 요인'이라는 사실이다. 기독교의 독선에 빠진 중세 유럽, 이슬람교의 독선에 매몰된 근대의 중동 지역, 성리학의 독선이 지배했던 명나라와 조선의 역사가 이를 말해주고 있다.

로마의 르네상스를 생각하면 제일 먼저 떠오르는 것은 **성 베드로 성당**이다. 테베레강 건너에 있는 이 성당은 멀리서도 한눈에 알 수 있을 만큼 거대한 건물이다. 지하철역에서 팻말을 보고 길을 걸어서 마침내 광장과 건물의 전경이 눈에 들어왔을 때는 '아' 하는 탄성이 절로 나왔고, 광장을 지나 성당 건물로 향하면서 위축되기도 하였으며 또한 성당 내부에 들어서서는 바닥, 벽면, 천장을 모두 뒤덮은 엄청난 화려함에 압도되기도 했다. 동시에 로마 교황청의 사치와 허영을 보는 듯하여 종교의 이름으로 발생한 인간 세상의 모순과 불의에 씁쓸함을 느끼기도 하였다. 웅장함과 화려함 그리고 예술성을 포함하여 지상에서 최고의 건물이 아닐까. 다른 한편으로 이 건물을 보고 나오면서 로마의 르네상스 탐방을 계속 이어나갈 필요가 있을까 하는 생각을 잠시 했었다.

2_3_3 성 베드로 성당

성 베드로 성당(Basilica di San Pietro)은 르네상스 건축의 최고봉이고 세계에서 가장 큰 성당이면서 루터의 종교 개혁에 불씨를 던진 건물로서 유명하다. 이 건물은 그 이전에 지어진 그 어떤 건축물보다도 기술적으로 뛰어나며 그 백 년 전에 시작된 르네상스 건축에서 기술적 발전의 결정판이었다.

성 베드로 성당을 지금의 모습으로 건축을 시작한 사람은 교황 율리우스 2세(재위 1503~1513)이다. 그는 성격이 불같았으며 전쟁을 좋아하여 70살에

성 베드로 광장과 성당 외부

가까운 나이에도 직접 군대를 이끌고 나가 전쟁터를 종횡무진 하였다. 특히 그는 전임자인 교황 알렉산더 6세의 아들인 체사레 보르자가 차지하고 있던 영토를 정복하여 교황령에 귀속시켰으며 또한 프랑스 군대로부터 이탈리아를 해방시켰다. 사실 그는 성직자라기보다 정복자에 가까운 인물이었다. 그의 야망은 교회 국가가 정복을 통해 세계의 통치권을 되찾고 자신은 고대 로마의 카이사르(시저)와 같은 영웅이 되는 것이었다.[73]

그러나 율리우스 2세의 이면에는 뜻밖의 모습이 숨겨져 있었는데 그것은 예술 분야에 관한 관심이었다. 그는 로마를 세계의 중심으로 찬란히 빛나게 만들고 싶어 했는데, 그 꿈을 실현하는 수단의 하나로써 예술을 생각한 듯하다. 그는 스스로는 예술에 대한 조예나 교양이 부족했지만, 재능이 있는 예술가를 발굴하는 일에서는 능력을 발휘하였다.

그래서 율리우스 2세의 재위 초기에는 로마에 상주하는 화가가 고작 8~10명 정도였으나 25년 후에는 약 125명으로 늘어나게 된다. 이들은 교황청이나 고위 성직자 또는 은행가들의 후원을 받으려고 이탈리아 전역에서 로마로 몰려온 사람들이었다.[74] 로마가 르네상스의 중심지로 부상한 것은 율리우스 2세의 재위부터였다.

---

73 Imperium der Päpste (2/3) − Verschwörung im Vatikan, ZDF
74 A. 하우저, 문학과 예술의 사회사 근세 편, 창작과 비평

율리우스 2세는 특히 미켈란젤로와 라파엘로의 재능을 파악하고 로마로 초빙하여 후하게 대접하고 중용하였다. 그는 미켈란젤로에게 시스티나 예배당의 프레스코 천장화를, 그리고 라파엘로에게 바티칸 궁전의 프레스코 벽화를 의뢰하였다. 예술의 세계에서 가볍게 산책하던 그는 점점 간이 커지더니 마침내 한 발을 크게 내디뎌 성 베드로 성당을 재건축할 생각을 하게 되었다. 본시 예수

율리우스 2세
출처: 위키백과

의 제자이자 초대 교황으로 불리는 성 베드로의 무덤이 있다고 알려진 이곳에는 고대 로마 제국 콘스탄티누스대제 시대인 4세기에 지어진 성 베드로 성당이 있었다. 전해지는 바에 의하면 네로 황제 시대인 64년에 로마 대화재의 주범으로 간주되어 처형을 당한 기독교인 중에는 공동체의 지도자인 베드로라는 사람이 있었고, 그는 자신에게 십자가 처형이 확정되자 감히 예수 그리스도가 처형된 방법과 동일하게 죽을 수 없다는 이유로 자신을 십자가에 거꾸로 매달아 달라고 요청하였다고 한다.[75] 어쨌든 성 베드로의 무덤 위에 세워졌다고 알려져 있는 성 베드로 성당은 그의 후계자로서 교황의 정통성을 제공하는 중요한 공간이었다. 그래서 교황의 권위를 강화하고 싶었던 율리우스 2세는 낡은 이 건물을 부수고 거기에 거대한 규모로 새로운 성 베드로 성당을 건축할 생각을 한 것이었다.

---

75 인드로 몬타넬리, 로마 제국사, 까치

율리우스 2세에게 이 거대한 건축을 부추긴 사람은 브라만테(Donato Bramante, 1444~1514)였다. 그는 르네상스 시대의 대표적인 건축가이자 화가로서 우르비노에서 농부의 자식으로 태어났다. 어린 시절부터 회화를 배웠고 화가가 된 이후로는 베르가모의 델 포데스타 궁전(Palazzo del Podesta)의 벽화를 그린 것으로 알려져 있다. 원근법에 빠졌다가 결국 건축가가 된 그는 1479년부터 약소한 보수를 받으면서 밀라노 공작 루도비코 스포르차의 의뢰를 받아 일하면서 밀라노에 있는 두 개의 성당을 개축하였다.[76] 그가 밀라노에서 건축 활동을 할 때부터 드러난 그의 취향은 우아함보다는 고대 로마풍의 거대한 건축에 있었다. 1499년에 로마로 온 뒤에 그는 르네상스 시대의 가장 완벽한 건물 또는 전성기 르네상스의 모범적인 형상이라는 평을 듣는 템피에토(조그만 신전, 1499~1502)를 건축하였다.

성 베드로가 순교했다고 여겨진 장소에 로마 신전으로부터 영감을 받아 세워진 원형의 석재 예배당으로서 규모는 작아도 거대한 건물의 위용이 느껴지는 건물이었다.[77]

브라만테는 1504년부터 교황 율리우스 2세의 전속 건축가로 일하면서 로마에서 계속 체류하였다. 이 시기에 고대 로마의 유적을 접한 것이 그의 작품 세계에 영향을 끼친 것으로 보인다. 결국, 그의 야심은 고대의 판테온을 모방한 거대한 기둥들로 높이 떠받쳐진 웅장한 건축을 해보는 것이 되었

---

76 주남철, 이태리 르네상스 건축사, 고려대학교 출판부

77 폴 존슨, 르네상스, 을유문화사

고, 성 베드로 성당의 재건축을 맡음으로써 그 꿈을 실현할 기회를 얻게 되었다. 그래서 그가 교황 율리우스 2세에게 성 베드로 성당의 재건축을 꼬드겼다는 이야기도 들린다. 브라만테는 성 베드로 성당의 설계를 하였고 공사를 시작하였지만 1514년에 죽었고 이후 다른 건축가들에 의해서 많은 변경이 이루어져서 결국 원래의 구상과는 많이 다른 건물이 완성되었다.

처음에 교황 율리우스 2세는 많이 낡은 건물이었던 구(舊) 성 베드로 성당을 부분적으로 보수 및 개축을 하려고 생각했다가 훗날에는 아예 허물어 버리고 재건축을 하는 쪽으로 마음을 바꾸었다.[78] 당시 많은 추기경이 옛 성당에 대한 애착으로 재건축을 반대했지만, 교황은 그 반대의 소리에 귀를 기울이지 않았다. 율리우스 2세는 새로운 성 베드로 성당의 건축을 위해 약 2500명의 인부를 고용하였는데, 그곳은 당시 유럽에서 가장 큰 공사장이었다.[79] 이 거대한 건물을 통해 교황이 의도했던 것은 새로이 부상하는 로마가 이교도인 고대의 황제 시절보다 우월하다는 점을 보여주면서 교황이 집전하는 미사에 참석한 대규모의 군중들에게 강한 인상을 심어주는 것이었다.[80]

율리우스 2세가 착공한 성 베드로 성당의 건축은 그의 후임인 레오 10세에게 넘겨졌다. 그리고 로마 교황청에 치명타를 준 사건이 레오 10세 시대에 성 베드로 성당 건축에서 점화되었다. 이 건축 사업은 막대한 자금이 소

---

78 주남철, 이태리 르네상스 건축사, 고려대학교 출판부

79 Imperium der Päpste (2/3) - Verschwörung im Vatikan, ZDF

80 폴 존슨, 르네상스, 을유문화사

모되어 교황청 재산이 완전히 바닥을 드러내게 되었다. 결국, 레오 10세는 공사 자금을 마련하기 위해서 비정상적인 방법을 찾게 되었는데 이것이 바로 그 유명한 면죄부 판매이다. 레오 10세가 발행한 면죄부라는 종이를 사는 사람에게는 지상에서의 죄가 사면되고, 따라서 돈만 내면 지상에서 죄를 많이 지었어도 천국에 갈 수 있다는 것이었다. 물론 면죄부를 판매한 교황은 레오 10세 이전에도 있었다. 하지만 판매 규모와 그에 따른 수입액에 있어서 그를 따라올 교황은 없었다. 그렇게 거두어진 돈은 로마로 보내져서 성 베드로 대성당의 건축과 교황청의 사치스러운 소비에 사용되었다. 그러나 이 파렴치한 행위는 사람들을 격분시켰고 마침내 루터가 1517년에 교황청을 비난하는 그 유명한 〈95개 조〉를 발행하여 종교 개혁의 횃불+을 올렸다.

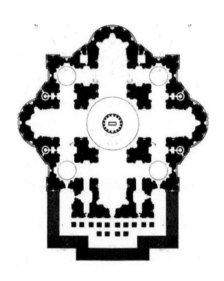

성 베드로 성당 평면도
출처: 위키백과

성 베드로 성당의 돔

성 베드로 성당 건축을 담당하던 브라만테가 1514년에 죽자 교황 레오 10세는 성 베드로 성당의 공사 감독으로 라파엘로를 임명했다. 라파엘로는 브라만테의 원안을 변형시킨 새로운 설계를 하였다. 그러나 그 역시 1520년에 죽으면서 다시 상갈로가 공사를 떠맡아서 브라만테와 라파엘로의 구상을 절충한 새로운 설계를 하였다. 이후 '로마의 약탈'과 자금 부족으로 공사의 진척이 미미한 상태에서 1546년에 그도 죽게 되어 결국 당시 70세였던 미켈란젤로에게 작업이 맡겨졌다. 미켈란젤로의 설계에서는 (기본적으로 브라만테의 원안과 유사하게) 평면이 중앙중심 십자가형(그리스 십자가)이고 십자가가 교차하는 지점에 중앙 돔이 놓여 있으며 4개의 작은 돔이 주위를 둘러싸고 있다.

미켈란젤로가 설계한 중앙 돔은 그의 사후에 포르타가 공사하여 교황 식스투스 5세 때인 1590년에 완성되었다.

이 돔의 총 높이는 대성당의 바닥에서부터 밖에 있는 십자가의 끝까지 136.57m에 이른다. 이는 세계에서 가장 높은 돔이다. 돔의 내부 지름은 약 41.5m로 앞서 만들어진 두 개의 거대한 돔들(판테온의 돔, 피렌체 대성당의 돔)보다 조금 작다. 이 돔은 537년 완공된 콘스탄티노플의 하기아 소피아 성당의 돔보다 지름이 약 9m 정도 더 크다. 가파르게 올라가는 달걀 모양, 우산 살대 모양의 석재로 된 16개 수직 구조물(서까래)과 꼭대기의 정탑 그리고 벽돌로 된 이중벽 사이의 계단을 통해서 돔 위로 올라가서 도시의 전망을 즐길 수 있도록 하였다.

돔으로 올라가는 통로와 돔 위에서의 전경

이런 점에서 이 돔은 브루넬레스키가 건축한 피렌체 대성당의 돔 형식을 기본으로 하고 있다. 하지만 피렌체 대성당과 다르게 돔 아래에 있는 원통형 구조물 위에는 높이 15m인 16쌍의 코린트식 기둥이 있고 이들이 16개 우산 살대 모양의 석재 수직 구조물(서까래)을 바치고 있는 형태이다. 성당의 길이는 총 187m이며, 폭은 58m 그리고 총 500개의 기둥, 50개의 제단, 450개의 조각으로 이루어져 있다.

성 베드로 성당의 내부 전경

이 중에서 주목할 만한 조각으로는 미켈란젤로의 조각상 〈피에타〉 (1498~1501)를 들 수 있다.

이탈리아어로 '슬픔'이란 뜻을 가진 이 조각상은 마리아의 품에 안긴 예수의 마지막 모습을 형상화하였다. 이 조각에서 중점을 이루는 것은 여성의 무릎 위에 성인 남성이 누워있는 어색한 형태를 거대한 단독 군상으로 조각하는 것이었다.

피에타

미켈란젤로는 자세를 현명하게 조정하여, 성모의 손동작이 슬픔을 표현하기보다는 그리스도의 몸을 드러내도록 했다. 동시에 크기의 불균형이 두드러지지 않는 방식으로 두 인물을 연결했다.[81]

이 작품을 완성했을 때 미켈란젤로는 26세였고 아직 무명이었다. 그는 자신을 알리고 싶은 마음에 조각에 (성모 마리아의 어깨에서 가슴으로 내려오는 벨트에) 자신의 이름을 새겨 넣었다. 하지만 이 작품 이후로는 자신의 작품에 더 이상 이름을 새겨 넣지 않았다. 그는 이미 유명해졌기 때문이었다.[82] 이 작품은 이상적인 종교작품으로서 경외와 감사, 슬픔, 기도를 불러일으킨다. 육체와 옷감 등을 묘사하는 기법에서 역사상 전례가 없었던 작품으로서, 이 작품이 대중들에게 선보여졌을 때 관람자들은 경이와 감격의 물결에 휩싸였으며 최고의 찬사가 쏟아졌다. 이로 인해 젊은 조각가 미켈란젤로는 천재 조각가라는 명성을 얻기 시작하였다.[83]

"성 베드로 성당의 건설에는 오랜 세월 동안 12명 이상의 건축가가 바통을 넘겨받으며 작업을 했다는 말을 들었는데, 그럼 완전히 짬뽕 형태가 된 것인가요?"

"그것은 아니고 부분마다 영향이 다르다고 할 수 있어. 예를 들어서 돔과 파사드에는 미켈란젤로가 가장 큰 흔적을 남겼으며 내부

---

81 피터 머레이, 린다 머레이, 르네상스의 미술, SIGONGART

82 Geheimnis Michelangelo, BR HD

83 폴 존슨, 르네상스, 을유문화사

공간에는 브라만테의 구상이 담겨있지."

1626년 성 베드로 성당이 완성되자 교황 클레멘스 8세는 대성당 안에 십자가를 세운 날을 기념하기 위해 온종일 축제를 벌이고, 모든 도시의 성당에 종을 울리라고 명령하였다.

로마에 온 뒤로 교황 율리우스 2세와 레오 10세에게 최고로 총애를 받은 라파엘로는 자신의 대표작을 **바티칸 궁전**에 남기고 짧은 생애를 마친다. 지금은 바티칸 박물관의 일부가 된 바티칸 궁전은 호화롭다 못해 찬란한 내부 인테리어에다가 엄청나게 많은 예술 작품과 유물들로 인해 연일 관람객들로 미어터지고 있다.

바티칸 궁전 외부

2_3_4 바티칸 궁전

교황 율리우스 2세와 레오 10세, 그리고 클레멘스 7세가 개인적으로 사용하던 바티칸 궁전의 2층에는 4개의 방이 있는데 '콘스탄티누스의 방', '헬리오도루스의 방', '서명의 방', 그리고 '보르고 화재의 방'이다. 이 중에서 '서명의 방(Stanza della Segnatura)'은 교황들이 개인 서재 혹은 문서를 보고 서명하는 공간으로 사용했던 방이다.

율리우스 2세는 이 4개 방의 장식을 당시 25세였던 라파엘로에게 맡기기 위해 이미 페루지노와 시뇨렐라가 완성한 벽화들을 죄다 뜯어내도록 명령했다. 라파엘로는 스승 페루지노가 그린 '보르고 화재의 방' 천장화만 남기고 전체를 제자와 함께 다시 그렸다. 그 뒤로 라파엘로와 그의 제자들이 그린 그림으로 가득 찬 4개의 방은 '라파엘로의 방'으로 불린다. 다만 '콘스탄티누스의 방'은 그가 스케치만 해둔 상태에서 세상을 떠나 제자들이 완성했다. '라파엘로의 방'에 있는 벽화가 모두 완성된 것은 율리우스 2세의 후임 교황인 레오 10세 때였다.

    라파엘로는 1508년에서 1520년 사이에 로마에 머물면서 생애 최고의 성공을 거둔다. 당시 바티칸의 전속 건축가였던 브라만테는 라파엘로와 동향 사람이었다. 그는 미켈란젤로에게 강한 질투심을 느끼고 있었기 때문에 젊은 천재 화가 라파엘로를 로마로 불러서 교황 율리우스 2세에게 소개하였다. 율리우스 2세는 품행이 우아하고 외모가 준수한 라파엘로를 마음에 들어했다.

바티칸 궁전 내부

그 시절에 교황 율리우스 2세의 청으로 그렸던 프레스코 벽화 중에서 대표작이 바티칸 궁전의 2층에 있는 '서명의 방'에 그려진 〈아테네 학당〉(1510~1511)이다. 라파엘로는 플라톤과 아리스토텔레스 사상의 조화를 모색했던 한 철학 모임의 일원이었다.

교황의 거처를 장식할 벽화를 의뢰받았을 때 그는 자기 생각을 그림으로 담아내기로 마음먹었다.[84] 이 그림에서는 고대 아테네에서 플라톤과 아리스토텔레스를 중심으로 모인 고대 그리스 철학자들의 모임이 표현되었다. 재미있게도 라파엘로가 플라톤과 아리스토텔레스의 얼굴을 자신이 존경하던 레오나르도와 미켈란젤로의 얼굴과 비슷하게 그렸다고 한다.

그림에서 가운데 약간 왼쪽에 손가락으로 하늘을 가리키는 사람이 플라톤, 그 옆에서 손가락을 아래로 향한 사람이 아리스토텔레스, 그리고 오른쪽 구석에 갈색 모자를 쓴 사람이 라파엘로이다. 이 그림의 제일 아래쪽 구석에 이슬람 학자가 그려져 있는데, 여기서 라파엘로는 르네상스 시대 이탈리아인이 이슬람 학자를 통해 고대 그리스 철학을 배웠다는 것을 암시하고 있다. 서로마 제국이 멸망한 뒤에 서구 사회와 고대 그리스 철학과의 직접적인 연결이 끊어졌고 르네상스 시대에 그것을 연결해 준 것은 이슬람 학자들과 그들의 연구를 담은 서적들이었다. 중세 이슬람 세계에 고대 그리스의 철학, 천문학, 수학 및 의학 등이 널리 알려진 것은 9세기에 아바스 칼리프의 수도였던 바그다드에서 그리스의 문헌을 아랍어로 번역하는 사업이 활발했기 때문이다. 당시 바그다드는 이슬람 세계에서 학문의 중심지였는데,

---

84 로버트 램, 서양 문화의 역사 II, 사군자

그곳에서 많은 학자들이 그리스 철학과 학문을 연구했다. 또한, 10세기 이후에는 이슬람 세계에 속한 다른 지역들, 즉 이집트의 카이로, 스페인의 코르도바 등에서도 그리스 철학이 활발히 연구되었다. 나아가서 11세기 말부터는 스페인의 톨레도에서 아랍어로 써진 그리스 철학 서적이 라틴어로 번역되었고 이것이 서구 기독교 사회에 전달되었다.[85]

〈아테네 학당〉은 고대 그리스의 철학자, 기하학자 및 천문학자를 함께 묘사함으로써 고대 그리스의 뛰어난 문명을 표현하여 전성기 르네상스 시대의 대표적인 작품으로 손꼽힌다. 특히 지적인 인물들의 묘사가 뛰어났으면서도, 그 안에 모호함이나 신비함, 숨겨진 의미, 이중성 등이 전혀 없는 훌륭한 그림으로서 16세기부터 19세기 후반까지 유럽 '역사화가'들의 길잡이가 되었다.[86]

아테네 학당

85 ARTE Doku — Islam und Wissenschaft — "Morgenland und Abendland"
86 폴 존슨, 르네상스, 을유문화사

바사리에 의하면 로마에서 라파엘로는 대귀족과 같은 생활을 영위했다고 한다. 그는 로마에 개인 궁정을 갖고 있었고 군주나 추기경들과도 대등하게 교제했다. 심지어 황제 카를 5세는 그를 라테라노 궁의 백작으로 임명하고 자기의 궁정에 자유로이 출입하게 했으며 세습 귀족과 같은 일련의 특권을 부여했다. 제후와 귀족들은 서로 다투어 그가 그린 초상화를 얻으려 했지만, 그로부터 초상화 한 폭을 얻기는 쉽지 않았다. 그는 제후와 맞먹을 정도의 수입을 얻었다.[87]

레오 10세 시절에 로마에서는 르네상스 3대 천재 예술가인 레오나르도, 미켈란젤로, 라파엘로가 함께 활동하였다. 레오 10세는 이들 중에서 라파엘로를 가장 총애하였다. 라파엘로가 요절하자 레오 10세는 애통한 나머지 고대 로마에서는 신들의 전당이었던 판테온에 그를 매장하도록 하였다.[88]

바티칸을 나온 우리는 로마 시내에 있는 르네상스의 유적들을 찾아 나섰다. 가장 먼저 발길이 갔던 곳은 미켈란젤로와 로마 황제 아우렐리우스의 자취가 남아있는 **캄피돌리오 언덕**이었다. 웅장하고 화려한 건물로 둘러싸인 베네치아 광장의 옆에 있으면서 이와는 대조직으로 소박하면서도 낭만적인 분위기를 느낄 수 있는 곳이 바로 캄피돌리오 언덕이다. 그래서 이곳은 여행객들에게 베네치아 광장보다 더 많은 사랑을 받기도 한다. 미켈란젤로의 자취가 남아있어서 그런지도 모른다.

---

87 A. 하우저, 문학과 예술의 사회사 근세 편, 창작과 비평사
88 시오노 나나미, 르네상스를 만든 사람들, 한길사

라파엘로의 무덤, 판테온

2_3_5 캄피돌리오 언덕

교황 파울루스 3세는 1538년에 63세의 미켈란젤로에게 폐허로 방치된 캄피돌리오(Campidoglio) 언덕을 재개발하는 일을 맡겼다.

이곳은 고대 로마 제국 시대에는 종교와 정치의 중심지로 제우스 신전이 있던 곳이었다. 그러나 서로마 제국의 멸망과 함께 폐허로 변했다.

캄피돌리오 언덕

"캄피돌리오 언덕은 로마 제국의 중심이며 전 세계의 요새로 이 앞에선 모든 왕과 왕자가 두려움에 떨었다. 그토록 수많은 황제가 의기양양하게 오르고 그토록 수많은 위대한 인물의 진상품과 전리품으로 장식되었던 언덕. 온 세상의 이목이 쏠리던 이곳이 이제 황량한 폐허가 되어 이전과는 전혀 다른 모습으로, 원로원 의석은 포도나무가 대신하고 의사당은 오물 천지이다."[89]

미켈란젤로는 로마의 일곱 언덕 가운데 하나인 유명한 이 언덕을 광장과 그 삼면을 둘러싼 건축물과 넓고 완만한 계단(코르도나타 계단)의 종합체로 설계했다. 광장의 중앙에는 〈명상록〉으로 유명한 로마 황제 아우렐리우스(재위 161~180)의 기마상을 배치하고, 광장 뒷면과 좌우에 세 개의 건물을 세우고, 광장 앞면에는 베네치아 광장으로 내려가는 넓은 계단을 만들었다. 오늘날 이 광장의 세 건물은 가운데는 로마시청사, 좌우에는 박물관과 콘세르바토리 궁전이 자리하고 있다.

아우렐리우스 기마상과 관련해서 일화가 있다.

고대 로마 제국이 기독교 국가가 되었을 당시 로마에는 황제들의 기마상이 적어도 22개는 남아 있었는데, 그중에서 하나만 남고 나머지는 모두 파괴되었다. 이교도 황제들의 기마상을 파괴한 것이었는데, 당시의 기독교도들이 아우렐리우스 황제의 기마상을 기독교를 공인한 콘스탄티누스 대제의 기마상으로 오인하는 바람에 운 좋게도 아우렐리우스 황제의 기마상은

---

89 피터 머레이, 린다 머레이, 르네상스의 미술, SIGONGART

무사할 수 있었다. 그후 오랜 세월 동안 무관심 속에 방치되어 있었던 아우렐리우스 황제의 기마상을 미켈란젤로가 되살렸다. 이 기마상은 현재 캄피돌리오 박물관에 보관 중이고 원래 놓여 있던 곳에는 모조품이 대신하고 있다.

아우렐리우스 청동상

로마 제국 5현제 중의 마지막 사람이고 스토아 철학자로서 불후의 명성을 누린 아우렐리우스는 역설적이게도 〈명상록〉에 이런 말을 남겼다.

"사후의 명성에 집착하는 사람들이 기억해야 할 것이 있다. 내가 죽은 뒤 나를 기억하는 사람들도 머지않아 곧 죽을 운명이라는 사실을, 그들의 뒤를 이을 사람들 역시 마찬가지다. 사람들 사이에 잠시 나에 대한 기억이 떠돌다가 결국은 소멸할 것이다."[90]

철저한 금욕주의자요 도덕주의자로서 궁전의 호화로운 삶을 멀리하고 변방의 전선에서 재위기의 대부분을 보낸 그는 자신과는 정반대로 공부를 싫어하고 검투와 색정에 빠진 어리석고 방탕한 그의 아들 코모두스를 자신의 후계자로 선언하는 일생일대의 실수를 저질렀다. 그의 아내가 검투사의 자식을 낳은 것이라는 소문이 로마에 파다했음에도 그것을 못 들은 척하였다. 아내를 독수공방 신세로 지내게 한 것에 대한 미안함에서였는지 모르지만, 국가의 대사를 감정에 맡긴 것은 이성을 그토록 중시했던 그답지 않은 판단이었다. 로마 제국의 번영이 끝날 때가 되었기 때문이라고 한다면 지나치게 운명론적인 생각인 것일까? 어쨌든 192년에 코모두스 황제는 친위대에 의해 시해되고 이후 로마 제국은 혼란스러운 무정부 상태로 돌입하게 된다.[91]

90 마르쿠스 아우렐리우스, 명상록, 다상
91 인드로 몬타넬리, 로마 제국사, 까치

캄피돌리오 언덕을 떠나 르네상스의 유적을 탐방하던 중 발길이 머무른 곳은 미켈란젤로와 교황 율리우스 2세의 자취가 남아 있는 **빈콜리 성당**이었다. 쉽게 눈에 띄지 않는 이 건물을 찾기 위해 많은 발품을 팔고 난 뒤에야 길가의 작은 언덕에 위치한, 소박하다 못해 허름한 이 건물을 마주하게 되었다. 바로 이곳이 미켈란젤로의 명작 〈모세〉가 있는 곳이다. 무심한 여행자는 언뜻 그냥 지나칠 수 있는 이 건물이야말로 진주를 머금은 조개라고 해야 할까.

2_3_6 빈콜리 성당

성 피에트로 인 빈콜리 성당(Basilica di San Pietro in Vincoli)이라는 긴 이름
에서 '빈콜리'라는 말은 본시 성 베드로가 감옥에 갇혀 있을 때 그를 묶었던
두 개의 쇠사슬을 의미한다. 성 베드로가 예루살렘의 감옥에 갇혔을 때 그
를 묶은 쇠사슬과 로마에서 그를 묶었던 쇠사슬을 던져 놓으니 기적처럼 둘
이 딱 달라붙어서 떨어지지 않았다는 이야기를 듣고, 서로마 황제 발렌티
아누스 3세(재위 425~455)의 황후인 에우독시아가 감동을 하여 442년에 성
당을 짓고 쇠사슬을 보관하게 되었다. 쇠사슬들은 성당의 중앙 제대 아래에
있는 성물함 안에 보관되어 있다.

빈콜리 성당의 외부 및 내부

그 뒤에 몇 차례의 복원과 개축이 이루어졌는데, 그 가운데 교황 하드리아누스 1세가 복원을, 교황 식스투스 4세와 교황 율리우스 2세가 개축을 진행하였다.

교황 율리우스 2세는 미켈란젤로를 로마로 불러 자신의 허영과 후대의 찬미를 위해 화려한 대리석 묘소를 만들게 하였다. 〈모세〉는 바로 교황 율리우스 2세의 무덤을 장식하기 위한 조각이었다. 미켈란젤로는 1513년 38살의 나이에 〈모세〉의 제작을 시작했지만, 율리우스 2세가 같은 해에 죽으면서 중단되었다.

그러나 미켈란젤로는 이 작품을 의뢰받으면서 이미 거액을 받았기 때문에 작품을 마저 완성하라고 하는 후임 교황들의 요구를 받아들일 수밖에 없었다. 그래서 먼 훗날 제작은 재개되었다. 결국, 이 조각의 프로젝트는 총 40년이나 걸렸고 원래의 계획대로 되지도 않았다.[92]

미켈란젤로가 미완성 상태의 〈모세〉를 다시 손보게 된 것은 1545년 그의 나이 70세 때였다. 본시 이 작품이 기획되었을 때에는 3층으로 된 비석에 성경과 신화를 소재로 한 40개의 형상을 조각하는 것이었다. 그러나 완성된 것은 그중의 작은 일부였다.

92　폴 존슨, 르네상스, 을유문화사

모세상 전체

미켈란젤로는 〈모세〉에서 구약성서의 중심인물인 모세를 신과 같은 이미지로 표현하였다. 조각에서 묘사된 장면은 모세가 막 십계명 판을 들고 일어나려고 하는 순간이다. 재미있게도 모세의 머리에 뿔이 돋아 있는데, 이는 성경에 나오는 '빛'이라는 단어가 '뿔'로 잘못 번역되었기 때문이라고 한다. '빛나는 모세'가 '뿔 달린 모세'로 바뀐 것이다. 〈모세〉는 섬세하게 표현된 강인한 팔뚝, 수려한 턱수염과 카리스마를 풍기는 얼굴을 특징으로 하는 매우 인상적인 작품이다. 그로 인해 이미 당대에 미켈란젤로의 작업장을 떠나기도 전에 최고의 예술품으로 평가되었다.

모세상

그러나 〈모세〉에서 의외로 불완전한 부분들이 발견되었다. 왼쪽 다리의 무릎 직경이 오른쪽 다리보다 약 7.5cm 작고, 목 부분이 한쪽은 비틀어졌고 다른 편은 정상이며 또한 턱수염이 비대칭적이라는 사실이다.[93]

〈모세〉에서 두 번째 층 중앙에 삐딱하게 옆으로 누워있는 사람이 교황 율리우스 2세이다. 본시 교황 율리우스 2세는 다혈질에 성직자라기보다는 전사에 가까운 사람이었다. 그러나 조각에 나타난 그의 모습은 신념이 강한 얼굴이고 깊은 종교적 명상에 잠긴 듯하다. 게다가 교황을 상징하는 보편적인 포즈가 아니라 해괴망측하고 파격적인 자세이다. 고대 로마 제국의 황제가 연회 석상에 나왔을 때의 포즈인데 심각한 표정은 이에는 전혀 어울리지 않는다.

율리우스 2세 상

93   Michelangelos dunkles Geheimnis, Spiegel HD

전문가들의 감정에 의하면 기법상 미켈란젤로의 작품임이 확실해 보인다. 미켈란젤로는 1505년에 최초로 교황 율리우스 2세를 만났다. 율리우스는 미켈란젤로의 재능과 독자적인 성품에 깊은 인상을 받았다. 이후 두 사람은 때때로 충돌하기는 했지만, 기본적으로는 서로가 존중하는 관계를 맺었다. 그러나 훗날 미켈란젤로는 내적으로는 가톨릭보다 루터교에 더욱 끌리게 되었다. 교황의 의뢰를 받아 작품을 하고 있던 그로서는 복잡한 상황에 놓인 것이었다. 이런 그의 상황이 율리우스 2세의 형상에 반영된 것으로 보인다.[94]

로마 중앙역 근처에 있는 **산타 마리아 델리 안젤리 성당**은 독특한 형태의 건물이다. 제법 규모가 큰 유적으로서 외관이 낡고 허름하여 포로 로마노를 연상시키면서도 내부에 대한 호기심을 자극하는 건물이다. 바로 이 건물의 내부에 미켈란젤로의 마지막 작품이 있다.

---

94 Michelangelos dunkles Geheimnis, Spiegel HD

산타 마리아 델리 안젤리 성당의 외부

2_3_7 산타 마리아 델리 안젤리 성당

피렌체의 성 로렌초 성당이 미완성된 파사드로 유명한 것처럼 로마에 있는 산타 마리아 델리 안젤리 성당(Basilica di Santa Maria degli Angeli)은 고대 유적의 형체를 남긴 채로 개축한 건물로 유명하다.

1561년 86세의 미켈란젤로는 교황 피우스 4세(재위 1559~1565)로부터 새로운 건축 의뢰를 받게 되는데, 로마 황제 디오클레티아누스(재위 284~305)가 건설한 고대의 목욕탕 유적에 성당을 짓는 일이었다. 디오클레티아누스 황제는 발칸반도에서 해방 노예의 자식으로 태어나 군대에 들어간 뒤 뛰어난 술책과 행운으로 속주의 총독, 집정관, 근위 대장 등의 요직을 거쳤고 특히 페르시아와의 전쟁에서 명성을 떨친 후에 황제에 오른 사람이었다. 그는 목적달성을 위해서는 흔들리지 않는 마음을 가졌을 뿐만 아니라, 자신의 야심을 정의와 공익이라는 구실로 포장하는 술책에 능했다.[95]

95　에드워드 기번, 로마 제국쇠망사, 동서문화사

어쨌든 그는 황제가 된 후에 내란으로 혼란스러웠던 로마 제국을 안정시켰으며 광대한 제국을 효율적으로 방위하기 위하여 4명의 군주(두 명의 정(正) 황제와 2명의 부(副) 황제)가 통치하는 4분할 통치 제도를 도입하였다. 305년에 디오클레티아누스는 55세의 나이로 은퇴하여 발칸반도 스팔라토에 건축된 자신의 거대한 저택에서 말년을 보냈다. 몇 년 후에 과거의 동료 막시미아누스가 찾아와서 혼란에 빠진 정국을 구하기 위하여 다시 나와 달라고 요청하자 디오클레티아누스는 단호하게 거절하면서 이렇게 말했다고 한다. "자신의 정원에서 양배추가 자라는 것을 한 번도 보지 못한 사람이나 그런 부탁을 할 수 있다."[96] 그는 자신의 저택에서 한 발짝도 나가지 않고 살다가 63세에 죽었다.

디오클레티아누스는 기독교를 박해한 황제로도 알려져 있는데, 이 목욕탕을 건설할 때 기독교도를 강제노역에 동원했다고 한다. 이런 역사로 인해 교황 피우스 4세는 그 자리에 교회를 세워 기독교의 승리를 기념하려 했던 것 같다. 사실 이 시대에는 종교 개혁으로 위세가 크게 줄어든 가톨릭교회를 다시 부흥시키려는 운동(이른바 반종교개혁)이 활발하게 일어나고 있었다.[97]

목욕탕을 성당으로 개조한다는 구상은 참으로 기묘한 것이었고 미켈란젤로의 천재성이 아니었으면 그 멋을 살릴 수 없었을지도 모른다. 입구는 성당으로서는 유례가 없었던 안으로 움푹 들어간 반원형의 형태를 보이게 되

---

96 인드로 몬타넬리, 로마 제국사, 까치
97 시오노 나나미, 르네상스를 만든 사람들, 한길사

었다. 내부적으로는 목욕탕 중앙 부분의 형태를 그대로 남겼다. 그곳에는 13.8m에 달하는 고대 목욕탕의 기둥들이 있었는데 미켈란젤로는 그것들을 살려둔 채로 성당으로 개조하였고 그로 인해 성당의 내부는 특이한 형태가 되었다.

산타 마리아델리 안젤리 성당의 내부

미켈란젤로는 그 이전의 예술사에서는 유례를 찾아볼 수 없을 정도의 높은 사회적 명성에 도달하게 되었다. 그의 예술가로서의 위대성은 너무나 자명해서 그는 공적인 명예나 칭호, 표창 따위에 연연하지 않았다. 그는 군주나 교황과의 교제도 우습게 알 정도였다. 사람들에게 '신과 같은 사람'이라고 불리는 것에 만족했다.[98] 정말로 '신과 같은 사람'이었던지 1564년 2월 로마에 안치되어 있던 그의 사체가 비밀리에 피렌체로 옮겨져 장례를 치를 때 그의 얼굴을 보고 싶어 하는 대중들을 위해 관을 열었다. 그런데 놀랍게도 사후 20일이나 지난 그의 사체는 전혀 부패되지 않아서 마치 잠들어 있는 것 같았다고 한다.[99]

98 A. 하우저, 문학과 예술의 사회사 근세 편, 창작과 비평사

99 스기야마 미호코, 르네상스의 거장들, 어젠다.

로마를 떠나며

피렌체의 르네상스가 14~15세기를 거치면서 서서히 꽃을 피운 것과는 대조적으로 로마의 르네상스는 15세기 말부터 16세기 초반까지 불과 30년 동안 화려하게 꽃을 피웠다. 14세기 초반에 단테와 지오토에서 시작된 피렌체 르네상스는 15세기에 들어서는 수많은 거장의 출현과 메디치가의 적극적인 후원 덕에 찬란하게 꽃을 피웠다. 그리고 16세기 초에는 르네상스의 거장들이 로마로 활동무대를 옮기면서 르네상스는 로마에서 새로운 전성기를 맞이하였다. 교황청의 후원을 받은 로마의 르네상스는 짧은 기간에도 불구하고 웅장하고 화려한 건축과 프레스코 회화를 통해 피렌체에서보다 한 단계 업그레이드되었다. 이로써 16세기 전반에 걸쳐서 로마는 문화면에서 세계의 지도자 역할을 했다.

로마의 르네상스 탐방을 끝냈던 날 밤에 오랜만에 홀가분한 마음으로 거리의 카페에 앉아 술자리를 즐겼다. 밖은 겨울비가 내리는 스산한 거리였지만 그런대로 분위기는 있었다. 이런저런 얘기를 나누다가 화제는 다시 르네상스로 돌아갔다.

"전성기 르네상스 시대란 로마의 르네상스를 말하는 것인가요?"

"전성기 르네상스란 레오나르도, 미켈란젤로, 라파엘로가 활동했던 1490년대부터 '로마의 약탈'이 발생한 1527년까지의 시대를 의미하는 것으로서 피렌체 르네상스, 로마의 르네상스라고 불리는 공간적인 구분과는 다르지만, 로마에서 르네상스가 번성했던 시기와 대체로 일치하지"

로마에서의 마지막 밤

1527년의 '로마의 약탈'로 인하여 르네상스 시대에 지어진 로마의 많은
건축물이 파괴되었다. 지금의 로마가 바로크의 도시라는 인상을 주는 것은
'로마의 약탈' 시에 파괴된 르네상스 양식의 건축물을 개축할 때 당시 새롭
게 출현한 바로크 양식으로 개조했기 때문이다. 그래서 로마는 더욱 아름답
고 위대한 곳인지도 모른다. 고대, 중세 그리고 근대가 함께 살아 숨 쉬고 조
화를 이루며 수많은 영욕의 역사가 배어있는 영원의 도시가 아닌가.

"로마의 르네상스가 왜 단명한 것이죠?"

"아마도 '로마의 약탈' 이후 교황청에 불어 닥친 '반종교개혁'이라
는 태풍이 가장 큰 원인이었던 것 같아. '로마의 약탈'이라는 참화
가 르네상스기 교황청의 방탕에 대한 신의 처벌이라고 해석한 이들
이 교황청을 장악하면서 가톨릭교회를 위기에서 구해내기 위해서
라는 명분으로 종교 재판과 같은 탄압을 강화한 것이지. 나나미는
르네상스가 반종교개혁 때문에 살해되었다고 표현하였어. 단적인
예를 들면 마키아벨리의 저서는 금서가 되었고, 미켈란젤로의 나체
예수상에는 아랫도리를 가리는 헝겊이 덧칠되고, 갈릴레이는 지동
설을 철회할 수밖에는 없었지."[100]

---

100 시오노 나나미, 르네상스를 만든 사람들, 한길사

'반종교개혁'이란 루터의 종교 개혁에 대한 가톨릭 측의 대응이었다. 이 때부터 교회는 검열을 강화하였고 교리의 준수를 강요했다. 교황은 종교적 이단을 발본색원하기 위해 악명 높았던 종교 재판소를 부활시켰다.[101] 그러나 르네상스의 정신은 죽지 않고 살아남아 교황청의 영향력이 약한 곳으로 전파되었고 그곳에서 번창하였다.

이탈리아 르네상스의 성화는 이후 베네치아로 봉송되었다. 그 시대에 베네치아는 이탈리아에서 사상의 자유가 가장 잘 보장되고 교황청의 압력도 가장 약한 도시 국가였기 때문이다. 베네치아는 성직자들을 자기 세력 안에 두었고, 모든 요직의 임명권을 장악했으며 수차례에 걸쳐서 교황청에 대항한 나라였다.[102] 본시 동방 무역으로 부(富)를 쌓은 베네치아는 정치와 경제 그리고 종교가 기본적으로 분리되어있는 근대 국가적인 모습을 보였다. 상인 정신이 사회의 지도 이념이었던 이 도시에서는 피렌체나 로마에 필적할 만한 고전에 대한 열정은 없었지만, 사상의 자유가 일찍이 뿌리를 내린 탓에 고전의 연구와 출판에 장애물이 없었다. 예술 분야에서는 주로 회화에서 르네상스의 꽃을 피웠고, 피렌체와 로마에서 활동하던 건축가들이 베네치아로 이주하여 일을 맡았다.

101 로버트 램, 서양문화의 역사 II. 사군자
102 야콥 부르크하르트, 이탈리아 르네상스의 문화, 한길사

맺 는 말

—

　불가(佛家)에서 흔히 하는 말로 불립문자(不立文字)라는 것이 있다.
글을 읽는 것만으로는 깨달음에 도달할 수 없다는 뜻이다. 이 말이 우리
탐방의 계기가 되었고, 그래서 우리는 르네상스 문명을 두 발로 직접 체
험하였다. 근대 서구 문명의 여명이었던 르네상스는 새로운 정신의 출현
이었고 그것은 학문과 예술을 통해서 표현되었다. 우리가 발바닥이 닳도
록 돌아다니면서 발견한 것은 학문과 예술에 배어있는 바로 그 새로운
정신이었다.

세상을 바꾸고 문명을 바꾸는 힘의 원천은 새로운 정신의 출현이다. 새로운 정신은 모순된 세상, 낡은 사고에 대한 문제의식과 비판 의식에서 시작된다. 고정 관념을 거부하고 독자적인 생각을 당당하게 밝힌 르네상스 시대의 문인, 학자, 예술가들은 새로운 정신의 선구자였다. 르네상스 시대에 출현한 새로운 정신은 인문주의와 과학적 탐구심으로 승화되었고 이로 인해 근대 서구 문명은 정신과 물질 모두에서 찬란한 꽃을 피웠다. 그리고 이런 새로운 정신이 발아한 토양은 바로 자유와 개성이었다.

　　반면에 동아시아의 근대 문명은 이와는 다른 모습으로 출현하였다.
　　동아시아의 근대화 과정에서는 르네상스에 필적할 만한 새로운 정신은 내부적으로 출현하지 않았거나 발전이 지체된 상태에서 오로지 서구의 기술과 제도를 모방하여 물질적 발전만 이루어졌다. 1842년 아편 전쟁 패배 이후 시작된 중국의 근대화 과정, 그리고 1868년 메이지 유신으로 본격화된 일본의 근대화 과정에는 서구 근대 문명의 사상적 토양인 자유, 평등, 개성의 정신이 부재해 있었다. 또한, 해방 이후 본격화된 한국에서의 근대화 역시 새로운 정신이 결핍된 채 오로지 물질적으로만 급속한 발전을 이룬 모습이다.

결국, 자유, 평등, 개성이라는 정신의 출현 여부가 동서양의 근대화 과정에서 나타난 가장 큰 차이이다. 이러한 차이로 인해 문명의 세계화가 이루어지고 있는 오늘날에도 동서양에서 사람 사는 모습이 다르다.

21세기 첨단 기술의 시대에 IT 강국으로 부상한 한국은 물질적 발전으로 풍요한 사회를 이루었지만 많은 부문에서 정신의 세계는 중세를 벗어나지 못하고 있다. 위계 의식, 집단주의, 제사 의례, 요란한 경조사 등은 청산되지 않은 유교 문화의 잔재로 절름발이 근대화의 표상이다. 그래서 지금의 한국 사회에 절실히 필요한 것이 바로 르네상스 정신이다. 쉽게 사라지지 않는 유교 문화의 잔재를 한 번에 날려버릴 수 있는 특효약이 바로 자유, 평등, 개성의 정신이기 때문이다.